Durchschaue das gefährliche Spiel des Narzissten

Wie du ihn für immer besiegst und endlich wieder glücklich wirst

(Ratgeber Narzissmus in Beziehungen)

Marie Ahrend

Marie Ahrend
Virtuoso

VIRTUOSO
books and more

1. Auflage 2020

1. Auflage 2020

Marie Ahrend

ISBN 978-3-96709-023-9

Inhaltsverzeichnis

Vorwort

Liebe Leserin,

erst einmal einen herzlichen Dank dafür, dass du dich entschieden hast, mein Buch zu lesen. Ich kann sehr gut verstehen, wie du dich im Moment fühlst und wie sehr du dir ein unbeschwertes, glücklicheres Leben wünschst, da ich selbst eine toxische Beziehung hinter mir habe. Ich habe dieses Buch geschrieben, um Frauen wie dir beiseite zu stehen. Bevor ich dir genau erkläre, was Narzissmus eigentlich ist und wie du Narzissten entlarvst und besiegst, möchte ich dir kurz meine Geschichte erzählen...

Eine gute Freundin sagte mir einmal: „Wenn du auf der Suche bist nach einem Partner, dem du deine Liebe schenken kannst, frage dich erst mal, ob du dich selbst wirklich liebst".

Und wie das Schicksal so spielt, begegnete ich kurze Zeit später meinem damaligen Freund. Zu diesem Zeitpunkt konnte ich mir nicht vorstellen, was mich mit diesem Mann erwarten würde.

Der Mann, in den ich mich Hals über Kopf verliebte, ließ mich schon bald sein wahres Wesen zu spüren bekommen. Die intensivsten Gefühle, die er in mir auslöste, waren Selbstablehnung und Verzweiflung. Sie gingen mir durch Mark und Bein und nagten an meiner zerbrechlichen Seele. Was ich auch tat, war nicht gut genug, ja, war sogar falsch. Ich fühlte mich noch nie so klein, obwohl ich eigentlich eine selbstbewusste, taffe Frau war. Jedenfalls glaubte ich das bis zu diesem Zeitpunkt zu sein. Mein früheres Leben, mein früheres Ich musste ich mir Schritt für Schritt zurückholen, was ein emotionaler Kampf war.

Wie konnte er mich nur brechen? Wenn ich mich heute frage, wie ich auf ihn hereinfallen konnte, fällt mir nur eine Antwort ein: Ich liebte diesen Mann über alles. Noch nie hatte ich das Gefühl, eine andere Person so gut zu kennen. Umso mehr erschütterte es mein Vertrauen, als er plötzlich sein zweites Gesicht zeigte. Irgendetwas in mir klammerte sich fest an der Hoffnung, alles wäre gut. An der Hoffnung, den perfekten Partner gefunden zu haben. So tat ich mir das alles an im Glauben, es würde besser werden und verlor Jahre meiner kostbaren Lebenszeit. Ich setzte die toxische Beziehung fort und am Ende suchte ich die Schuld nur noch bei mir.

Irgendwann begriff ich, dass ich in die Fänge eines Narzissten geraten war, **der sein gefährliches Spiel mit mir spielte**. Doch dass ausgerechnet mir so etwas passiert, hätte ich nie für möglich gehalten. Er wahrte stets das perfekte Bild nach außen, denn er war ein Meister des Verstellens. Er hatte eine unheimliche Ausstrahlung, konnte gut reden und war sehr witzig, jedenfalls in der Kennenlernphase und zu Beginn der Beziehung.

Wie ich es schaffte, diese toxische Beziehung zu lösen und mich selbst zurückzugewinnen, wirst du in meinem Buch erfahren. Ich möchte dich damit unterstützen, falls du vielleicht das Gleiche oder etwas Ähnliches im Moment durchmachst. Da ich alles selbst am eigenen Leib erlebte, weiß ich, wie du dich fühlst und was in dir vorgeht.

Ich möchte niemanden bewerten oder verurteilen, weder Narzissten noch Frauen, die sich auf eine Beziehung mit ihm einlassen, weshalb ich nicht von Opfer und Täter spreche. Vielmehr möchte ich das Thema des Narzissmus in Beziehungen gut verständlich darstellen und Lösungswege aufzeigen, die dir helfen sollen, dein Selbst zu stärken und glücklicher zu werden. Es ist wichtig, den pathologischen Narzissmus zu verstehen. Denn nur so kannst du selbst erkennen, ob du mit einem Narzissten liiert bist oder warst.

Und nur so wirst du sein Spiel durchschauen und ihn mit seinen eigenen Waffen schlagen können. Ob du dich letztendlich von ihm trennst oder nach einem Weg suchst, die Beziehung zu heilen, bleibt ganz dir überlassen.

Ich freue mich, wenn du mich einfach als eine Art Freundin ansiehst, die mit dir ihre Erfahrungen teilt und dir Tipps gibt.

Deine Marie Ahrend

Einleitung

Bestimmt kennst du den dunklen Liebesfilm, der im Nu das Kino eroberte und von dem es inzwischen drei Teile gibt. Er ließ wohl ganze Massen an Frauenherzen schmelzen. Er handelt von einer verruchten Geschichte von Lust und Leid, in welcher ein unschuldiges Mädchen ihren Traumprinzen kennenlernt und ihm schließlich hörig wird. Na, weißt du, um welchen Film es geht? Hast du ihn vielleicht sogar selbst gesehen oder die Bücher dazu gelesen?

So sieht er also aus, der moderne Traumprinz: arrogant, reich und sadistisch veranlagt. Was zur erotischen Fantasie vieler Frauen wurde, ist in Wahrheit eine Geschichte über eine toxische Beziehung, in der ein narzisstisch veranlagter Mann, der, nun ja... sagen wir mal, etwas ungewöhnlich mit Frauen umgeht und als sexy Millionär gefeiert wird.

Ist es das, was wir wollen? Möchten wir auf diese Art von Männern gesehen und behandelt werden? Ich vergleiche mich des Öfteren mit der Protagonistin dieses Kinohits. Bin ich etwa genauso naiv gewesen wie sie? Träume ich insgeheim von solch einer Beziehung?

Nein, sicher nicht! Ich stand mit beiden Beinen im Leben und bestand schon immer auf Gleichberechtigung zwischen Mann und Frau. Erst nach Jahren bewusster Auseinandersetzung mit mir selbst wurde mir klar, dass ich mich nicht genug liebte. Ich dachte zwar, dass ich mich selbst lieben würde, doch diese Selbstliebe war nicht bedingungslos. Genau das war der Grund, warum ich mich auf einen Narzissten einließ. Mein Narzisst war ein wahrer Schauspieler, hinter dessen Maske sich eine kaputte, dunkle Seele befand. Eigentlich war er ein armer Mann. Doch auf der Bühne fühlte er sich groß, er konnte nie genug Aufmerksamkeit bekommen. Meine Liebe hatte ihm wohl nicht gereicht.

Man könnte glauben, Narzissmus ist heutzutage verbreiteter denn je. Wünschen wir uns nicht alle Anerkennung und Bewunderung? Wie sieht es mit den unzähligen Influencerinnen und Influencern aus, die ein Selfie nach dem anderen posten und nach möglichst vielen Likes trachten? Was hat es mit machtstrebenden Psychopathen auf sich, die oft Führungspositionen besetzen und sich selbst an erster Stelle sehen? Aber so einfach ist das nicht. Es gilt zunächst zwischen gesundem und krankhaftem Narzissmus zu unterscheiden. Denn jeder Mensch hat narzisstische Züge, das ist ganz normal. Diejenigen aber, bei denen eine pathologische narzisstische Persönlichkeitsstörung vorliegt, wollen sich meist nicht ändern. Sie finden sich gut so, wie sie sind und sehen die Probleme allein in ihrer Umwelt. Diese Art Narzissten leben unter uns, sie sind unsere Kollegen, Bekannte oder sogar nahestehende Personen, und wir fallen oft auf sie herein, ohne es zu wissen.

Wie du Narzissten erkennst, entlarvst und besiegst, erfährst du in meinem Buch. Es ist spezialisiert auf **Narzissmus in Beziehungen**. Mithilfe dieses Ratgebers sollst du einen Weg aus deiner toxischen Beziehung finden und in dein altes Leben zurückkehren, um endlich wieder glücklich zu werden.

Mein Ratgeber ist in zwei Teile gegliedert: einen theoretischen, damit du Narzissmus verstehst, und einen praktischen, damit du lernst, mit Narzissten richtig umzugehen. Außerdem erwarten dich viele Tipps und praktische Übungen, mit denen du deine innere Balance zurückfinden sowie Blockaden lösen kannst und vieles mehr.

Finde mit diesem Buch heraus, ob du dich in einer toxischen Beziehung befindest oder eine sogenannte Co-Narzisstin bist. Verstehe, was die Strategien eines Narzissten sind und durch welche Phasen eine typische Beziehung mit ihm verläuft.

Teil 1: THEORIE – Narzissmus verstehen und toxische Beziehungen erkennen

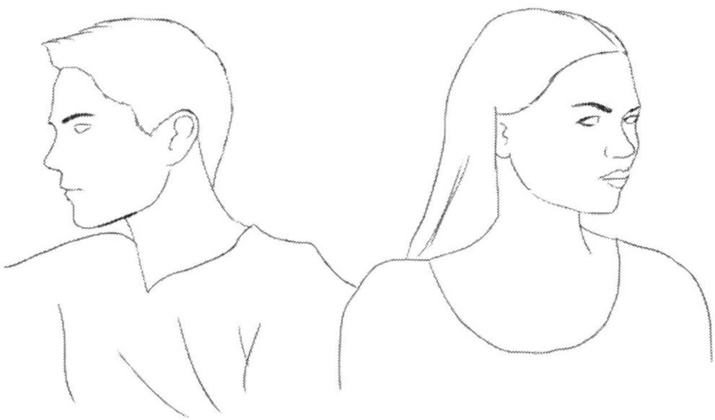

Was ist eigentlich Narzissmus?

Definition

Wenn es um die Definition von Narzissmus geht, müssen wir zunächst einmal eine wichtige Unterscheidung machen: Narzissmus ist nicht unbedingt ein Makel, er kann durchaus Teil einer selbstbewussten Persönlichkeit sein. In seiner gesunden Ausprägung bedeutet er lediglich, dass ein Mensch mit narzisstischen Charakterzügen ein stabiles Selbstwertgefühl hat, sich gerne im Mittelpunkt sieht, sehr oft andere Menschen in seinen Bann zieht und bewundert wird. Solange diese Charakterzüge eingebettet sind in eine Persönlichkeit, die ebenso mit Kritik umgehen kann wie mit Lob und sich darüber hinaus noch als sozial kompetent entpuppt, sprechen wir von einem positiven oder gesunden Narzissmus. Auf der anderen Seite kann durch negative frühkindliche Erfahrungen in Form von psychischen Überforderungen oder mangelhafter Unterstützung der Aufbau eines gesunden Selbstbewusstseins verhindert werden. Dadurch schafft sich die Seele Raum an anderer Stelle. Sie tut sc, als ob. Was ihr an Stabilität fehlt, versucht sie im lauten Spiel des Egos wettzumachen.

Fehlt es an ehrlicher Zuwendung und Anerkennung, fühlt sich das Kind oft nicht wahrgenommen und alleingelassen. Ohne einen Ausgleich und im Zusammenwirken weiterer negativer Umstände kann es in der Folge zu einer narzisstischen Persönlichkeitsstörung kommen. Nicht jeder Mensch, der in seiner Kindheit irgendeine Form von Mangel erlebt hat, wird später ein krankhaft narzisstischer Mensch, aber wir wissen heute, dass am Grunde einer negativen narzisstischen Persönlichkeit Selbstzweifel und Minderwertigkeitsgefühle ruhen, die sich unter Beschuss in ihr Gegenteil verwandeln können, nämlich in Hochmut, Hartherzigkeit und in einen gefährlichen Egoismus.

Ein gesunder Narzisst wird dir in den Mantel helfen, nachdem er sich selber angezogen hat. Ein krankhafter Narzisst wird sich selber anziehen und dann entscheiden, ob es vonnöten ist, dir in den Mantel zu helfen.

Viele Menschen, die unter einer narzisstischen Persönlichkeitsstörung leiden, haben gelernt, sich in Maßen der gesellschaftlichen Norm anzupassen. Jedoch fehlt es ihnen an ehrlich empfundener Empathie für ihre Mitmenschen und sie boykottieren enge Beziehungen. Menschliche Beziehungen, insbesondere Liebesbeziehungen, sind eine Herausforderung für krankhafte Narzissten und noch mehr für ihre Partner. Da das Fundament der Persönlichkeit eines negativen Narzissten äußerst instabil ist und von der Maskerade lebt, die erschaffen wurde, damit die Verletzungen und Risse nicht sichtbar werden, wird der Narzisst alles tun, um sein wahres Ich vor der Außenwelt zu verbergen. Kritik wird gnadenlos ignoriert oder bekämpft. Therapeutische Angebote müssen intelligent verpackt werden, zu schnell wird der Narzisst sie ablehnen, wenn es darum geht, sich selbst zu hinterfragen oder sein Verhalten zu ändern.

Hinter der Fassade steckt eine zutiefst verletzte Seele, die in der Welt nicht bestehen kann und aus diesem Grunde versucht, die Welt auszubeuten. Partner müssen Wünsche und Sehnsüchte erfüllen. Sie dürfen alles tun, was den Narzissten erfreut und bestärkt, sie dürfen sich nur niemals von ihm trennen, denn dann bricht die Welt zusammen und der Narzisst gerät emotional an seine Grenzen.

Eine narzisstische Persönlichkeitsstörung geht aus diesem Grunde in vielen Fällen einher mit Depressionen und Suchtproblematiken. Niederlagen gehören zum Leben dazu, aber Niederlagen sind von Narzissten nicht zu bewältigen. Im Berufsleben besetzen krankhafte Narzissten sehr oft führende Positionen, im Alltag stehen sie im Mittelpunkt und auf der Bühne. Sie werden bejubelt und von ihren Fans hofiert. Wer eine enge Beziehung mit ihnen eingeht, wird jedoch schon bald mit Wutausbrüchen und Kälte konfrontiert. Werden Narzissten als Kinder in ihrer Entwicklung alleine gelassen, lernen sie, ohne Grenzen und ohne elterliche Autorität zu leben. Das ist die Folge von widersprüchlichen Erziehungsmaßnahmen. Auf der einen Seite werden die Kinder in den Himmel gehoben, auf der anderen Seite bleiben sie gänzlich unbeachtet. Beide Varianten sind für eine Kinderseele schädlich und bleiben selten folgenlos.

Am Rande noch eine Bemerkung: Rede ich im Verlauf dieser Schrift von Narzissmus, so ist die pathogene Form gemeint, nämlich die narzisstische Persönlichkeitsstörung. Nur die pathologische Form ist der Grund für Schmerz und verlorene Liebe, für Beziehungschaos und seelische Verletzungen und war meine Motivation, dieses Buch zu schreiben. Die gesunden, narzisstischen Züge eines Menschen, die auch eine Portion Selbstliebe und Selbstgefallen beinhalten, meine ich nicht. Es ist wichtig, dass man immer zwischen gesundem und pathologischem Narzissmus, welcher eine medizinisch anerkannte Persönlichkeitsstörung darstellt, unterscheidet.

Weiblicher und männlicher Narzissmus

Der weibliche und der männliche Narzissmus haben unterschiedliche Ausprägungen, ist das Leben für Frauen und für Männer in unserer Gesellschaft doch auch sehr unterschiedlich, was Akzeptanz von Verhaltensweisen und Wohlwollen im Hinblick auf Leistung und Äußerlichkeiten betrifft. Für Frauen ist ihr äußeres Erscheinungsbild auch heute noch ein bedeutend wichtiger Faktor, um den gewünschten Job zu bekommen, viel wichtiger, als es bei den männlichen Kollegen der Fall ist. Eine Persönlichkeitsstörung wie die des krankhaften Narzissmus äußert sich demzufolge bei Frauen vielfach anders als bei Männern. Während die narzisstischen Männer mit ihren Autos protzen, mit ihren Gütern oder mit ihrer sexuellen Potenz angeben, benutzen Frauen eher ihr Aussehen als Mittel zum Zweck, um zu beeindrucken und Punkte zu sammeln. Immer geht es darum, besser zu sein als die andere. Anerkennung wird besonders in partnerschaftlichen Beziehungen eingefordert. Männliche Narzissten beuten vielfach die Frau aus, die sie angeblich lieben. Liebe wird von dem Narzissten ausschließlich als etwas betrachtet, das der Partner ihm entgegenbringen muss. Sowohl Frauen als auch Männer mit einer narzisstischen Persönlichkeitsstörung sind selten in der Lage, ehrlich zu lieben, denn meistens fehlt ihnen die Basis dafür. Sie besitzen keine natürliche Empathiefähigkeit.

Insgesamt fällt es beiden Geschlechtern sehr schwer, sich aus dem Teufelskreis des Narzissmus zu befreien, weil es für einen Ausbruch nicht nur Mut braucht, sondern die Fähigkeit zur Selbstreflexion, und diese würde das ganze Gebäude, in das sich die verletzte Seele zurückgezogen hat, zum Einsturz bringen.

Ist vom weiblichen Narzissmus die Rede, dann wird er oft auch als der „verdeckte" Narzissmus beschrieben, während die männliche Version „offener" Narzissmus genannt wird. Schon die unterschiedlichen Namensgebungen weisen auf die großen geschlechterspezifischen Unterschiede in der Narzissmus-Debatte hin.

Frauen fühlen sich klein, Männer überhöhen ihr Selbstbild noch durch überhebliche Ausdrucksweisen, Frauen sind devot, Männer führen Regie, Frauen leiden an Bulimie und Depression, Männer zeigen aggressives Verhalten und Frauen arbeiten mit Unterdrückungsmechanismen. Der Narzissmus ist wie ein Spiegelbild der gesellschaftlichen Seele, Männer wehren sich mit Gewalt und Frauen mit Anpassung. Umso schwerer ist es für beide Geschlechter, als krankhafte Narzissten gesunde Liebes- oder Freundschaftsbeziehungen zu unterhalten.

Die verschiedenen Ursachen bezüglich des pathologischen Narzissmus liegen also weniger in den Genen von Mann und Frau als in der Gesellschaft. Die Gesellschaft prägt den Menschen, Geschlechterrollen werden automatisch und unbewusst angenommen beziehungsweise von den Eltern anerzogen.

Auch in der Sexualität äußern sich weiblicher und männlicher Narzissmus unterschiedlich, beiden gemeinsam ist die Gier nach Anerkennung und Aufwertung des eigenen Egos. Männliche Narzissten suchen im Bett nicht wirklich eine Partnerin, sie suchen alleine die Bestätigung, dass sie selbst der weltbeste Liebhaber sind. Frauen leben den Narzissmus in diesem Bereich weniger aktiv aus. Sie zeigen ihre Macht passiv, sind selbstbestimmt und nicht auf den Mann angewiesen.

Da jedoch eine erfüllende Beziehung auch in der Sexualität vom Geben und Nehmen der Partner lebt, bleiben die Narzissten nach dem Liebesakt alleine. Sowohl Frauen als auch Männer mit einer narzisstischen Persönlichkeitsstörung suchen erneut die Distanz, denn nur im Abstand zu anderen Menschen können die Fassade gewahrt, Brüche vertuscht und Ängste verheimlicht werden.

Für die Partnerin eines männlichen Narzissten kann eine Liebesbeziehung zerstörerisch wirken. Der Narzisst fängt seine Partnerin, sie berauscht sich an seiner impulsiven autonomen Sexualität, bis es um Zweisamkeit geht. Dann ist der Narzisst verschwunden. Ein Wechselbad der Gefühle folgt. Er taucht wieder auf, zieht sie erneut in seinen Bann und übt Druck aus, sodass sie verunsichert ist. Eine gesunde Beziehung ist das nicht. Umgekehrt äußert sich der weibliche Narzissmus in denselben Mechanismen von Geben, wenn es Lob dafür gibt, und Nehmen, wenn die Bestätigung ausbleibt.

Ursachen

Die Ursachen einer narzisstischen Persönlichkeitsstörung sind nach Stand der Forschung multifaktoriell. Viele verschiedene Faktoren beeinflussen eine junge Seele in ihrer Entwicklung. Die heutige Gesellschaft fördert die Ich-Bezogenheit des Einzelnen bis zu einem gewissen Grad, belohnt in der Regel sogar selbstbewusste Menschen, die sich in den Mittelpunkt drängen. Präsentation ist das Wort der Zeit. Die positive Darstellung der eigenen Persönlichkeit ist wichtiger denn je, auch wenn dahinter eine Depression lauert, die nach dem Scheitern zum Vorschein kommt. Scheitern wird nicht eingeübt und der Neuanfang gilt häufig als die letzte Chance gegen das Verlieren.

Es soll eine vergleichsweise starke genetische Disposition für diese Erkrankung geben, die unter ungünstigen Bedingungen zum Tragen kommt. Die ungünstigen Bedingungen geben dem Kind in seinen ersten Lebensjahren keinen Raum, gesund aufzuwachsen und verhindern seine Entfaltung. Verschiedene Theorien sprechen von einer überstarken Mutter bei einem schwachen männlichen Part und zweideutigen Verhaltensweisen beider Elternteile, die das Kind verunsichern. Bei Menschen mit einer narzisstischen Persönlichkeitsstörung fehlt es an der Fähigkeit, tragfähige menschliche Beziehungen aufzubauen sowie ein stabiler und verlässlicher Partner für sein Gegenüber zu sein.

Wir lernen im sozialen Umfeld unserer Familie durch Interaktion aller Beteiligten. Unsere Eltern oder Urgroßeltern leben uns gesellschaftliche Anpassung vor. Wir imitieren sie zunächst, bis wir alt genug sind, sie auf den Prüfstand zu stellen, zu hinterfragen und sie anschließend für unser eigenes Leben als richtig oder falsch einzuordnen.

Diese Chance hat ein pathologischer Narzisst meist nicht. Er erlebt sich früh als Spielball der anderen. Einmal geht es darum, für einen Elternteil den Partner zu ersetzen, ein andermal kommt es darauf an, die Stimmungen der Eltern genau genug zu lesen, um ihnen zu gefallen und sie nicht zornig zu machen. So oder so ist der krankhafte Narzisst seine gesamte Kindheit und Jugend damit beschäftigt zu reagieren. Die Mutter spielt dabei eine wichtige Rolle. Schon der Säugling lernt, dass die Mutter sich eine bestimmte Verhaltensweise von ihrem Kind wünscht und kühl und abweisend wird, wenn das Baby sie nicht zeigt. Liebe gibt es nur gegen Leistung.

Das kann im späteren Leben zu einer Sucht nach Anerkennung werden, die nie gestillt werden kann, weil sie nicht an echte Liebe gekoppelt ist.

Betrachten wir die Kindheit als einen Auslöser der narzisstischen Störung, so müssen wir trennen zwischen den Opfern einer überbehütet glorifizierenden und denen einer vernachlässigten Kindheit. Beide Formen versagen, wenn es darum geht, das Selbstwertgefühl in einem Kind zu stärken, es widerstandsfähig zu machen, sodass es im weiteren Verlauf seiner Entwicklung fähig ist, mit Kritik umzugehen, Trennungen zu verkraften und für sich einzustehen, ohne anderen zu schaden.

In der Literatur werden genetische und umweltbedingte Faktoren erwähnt, wenn es um die narzisstische Persönlichkeitsstörung geht. Es gibt nicht die eine Ursache einer narzisstischen Persönlichkeitsstörung, aber wir können die pathologische Ausprägung des Narzissmus entlang ihrer Ursachenkette in drei Kategorien einteilen:

Der exhibitionistische Narzisst:
Dieser Typ steht gern im Mittelpunkt und strotzt vor Selbstbewusstsein. Ihm geht es einzig und allein darum, jederzeit die volle Aufmerksamkeit zu bekommen.

Der vulnerable Narzisst:
Diese Form ist häufiger bei Frauen anzutreffen. Kennzeichnend ist eine besondere Verletzlichkeit sowie das Auftreten von verdeckter Manipulation. Das bedeutet, die Person kann sowohl charmant als auch schuldzuweisend sein, um ihr Gegenüber zu beeinflussen und die eigenen Ziele zu erreichen.

Der maligne Typ:
Der maligne Narzisst ist bereit, für eigene Vorteile rücksichtslos und skrupellos zu handeln.

Symptome

Die Symptomatik einer narzisstischen Persönlichkeitsstörung ist vielfältig und nicht immer leicht als solche zu identifizieren, geht diese Form von Persönlichkeitsstörung doch nur allzu oft Hand in Hand mit anderen Störungsbildern. Depressionen, Essstörungen, Sucht- oder Angsterkrankungen sind dabei nicht selten der eigentliche Grund für den Besuch beim Psychotherapeuten. Ein pathologischer Narzisst leidet selten unter den eigentlichen Symptomen der Erkrankung, sondern vielmehr an der Reaktion der Umwelt auf sein Verhalten. So führt beispielsweise der enorme Leidensdruck des Partners zu einer Trennung und in der Folge nicht selten zu einem totalen psychischen Knock-out des Narzissten.

Trotz alledem können wir eine Reihe von Symptomen identifizieren, die bei diesem Krankheitsbild anzutreffen sind. Es sind die klassischen Symptome und Verhaltensweisen, die die anderen entweder in den Wahnsinn treiben oder völlig resignieren lassen:

- Arroganz
- Überheblichkeit
- Sucht nach Anerkennung
- Unberechenbare Aggression auf Widerstand
- Unrealistisches Selbstbild
- Depressive Zustände
- Indifferente Verhaltensweisen in einer Partnerschaft
- Fehlen von Empathie und Mitgefühl
- Schönheitswahn und ein gestörtes Essverhalten (vermehrt bei Frauen anzutreffen)

- Wunsch, immer im Mittelpunkt zu stehen
- Vermeidung von Konflikten
- Resistenz gegenüber Kritik
- Streben nach Macht
- Unfähigkeit, enge Bindungen einzugehen
- Minderwertigkeitsgefühle
- Instabiles Selbstwertgefühl
- Psychosomatische Erkrankungen
- Suchtgefährdung
- Suizid-Gedanken

Experten sprechen davon, dass 0,4 Prozent der Deutschen an einer narzisstischen Persönlichkeitsstörung leiden. Diese Erkrankung gilt noch heute als unheilbar, lediglich ihre Symptome können gesellschaftsfähig gemacht werden.

Als Partner eines Narzissten erleben viele Menschen die Hölle. Sie glauben zu lange, nicht ohne die Liebe des anderen leben zu können und verstricken sich tiefer und tiefer in die mehrdimensionale Welt des Kranken. Hin- und hergerissen zwischen demütiger Anbetung, Angst und den kläglichen Versuchen, Widerstand zu leisten, geraten Partner oftmals selber in psychische Krisen. Die Selbstüberhöhung als ein typisches Symptom der narzisstischen Persönlichkeitsstörung verdient besondere Aufmerksamkeit. An der übertriebenen Art der Selbstdarstellung vieler Narzissten wird das gesamte Ausmaß der Persönlichkeitsstörung deutlich: nach außen hin wird geprahlt und angegeben, es werden sogar Freunde klein geredet, im Inneren jedoch zittert eine schwache verletzte Seele, die nicht groß und stark, sondern verunsichert und gedemütigt ist. Hier liegt auch die Problematik, wenn es um den Willen geht, eine Therapie zu beginnen. Schwer und selten lässt sich ein Narzisst hinter den Vorhang schauen, zu groß ist seine Angst, alles zu verlieren und entblößt zu werden beziehungsweise der Welt ausgeliefert zu sein.

Die Symptomatik einer narzisstischen Persönlichkeitsstörung in Form von **überhöhter Selbstbezogenheit und unrealistischen Machtansprüchen** weist nicht zuletzt in ihrer Antipode auf ein desolates Selbst und starke Minderwertigkeitsgefühle hin, die nach Hilfe schreien.

Abgrenzung zu anderen psychischen Störungen

Die narzisstische Persönlichkeitsstörung zeigt eine Reihe von Überschneidungen mit anderen psychischen Erkrankungen, teilweise beinhaltet sie deren Anteile.

Die antisoziale Persönlichkeitsstörung wird beispielsweise im Umfeld der narzisstischen Störung genannt, ebenso ähneln bestimmte Symptome bei Borderline-Patienten denen, die beim Narzissmus beobachtet werden. Und doch sind alle drei Krankheitsbilder voneinander zu trennen, denn sie unterscheiden sich in Verlauf, Prognose und Therapie. Ich gebe dir nun einen Einblick in besonders häufige psychische Störungen, die gewisse Ähnlichkeiten zur narzisstischen Persönlichkeitsstörung aufzeigen.

Die antisoziale Persönlichkeitsstörung

Während Menschen mit der Diagnose einer antisozialen Persönlichkeitsstörung sich im Vergleich zu einem Narzissten weitaus extremer verhalten und auch eine andere Krankheitsgeschichte aufweisen, äußern sich einzelne Krankheitsphasen sehr ähnlich. Die antisoziale Störung ist aggressiver, Erkrankte haben keinerlei Mitgefühl anderen Menschen gegenüber und das Fehlen der Empathie wird nicht subtil verhüllt, sondern sehr offen ausgelebt. Dieses Krankheitsbild ist kaum klar von einer Paranoia zu trennen, paranoide Fantasien wechseln im Alltag mit Gewaltfantasien ab. Der Narzisst ist zwar selbstherrlich und sieht sich dem Mittelmaß weit entrückt auf einem Thron, von dem aus er seine Untergebenen befehligt, aber er verfolgt einen Plan dabei.

Der Soziopath hingegen kennt keine Regeln und Gesetze, er missachtet soziale Absprachen, die es ermöglichen, dass Menschen friedlich miteinander leben können. Antisoziale Persönlichkeiten bewegen sich häufig im kriminellen Milieu und haben nicht selten eine Drogenkarriere eingeschlagen. Ihre Familienverhältnisse sind oftmals desolat und von häuslicher Gewalt geprägt. Auch der Soziopath ist süchtig nach Anerkennung und Bewunderung, jedoch sind seine Bedürfnisse ohne eine tiefere Intention. Sie entspringen einer hungrigen Seele, die absichtslos ihren Trieben folgt. Am deutlichsten wird der Unterschied zum Narzissten im Fehlen jeglicher Schuldgefühle. Der Mensch mit einer antisozialen Persönlichkeitsstörung kennt weder Skrupel noch Moral und kann demzufolge bei ungünstigen Lebensumständen zu einer gesellschaftlichen Gefahr werden. Seine Reaktionen sind weder angemessen noch vorhersehbar. Ein Soziopath kann von einem zum anderen Augenblick über einen Menschen herfallen, wenn dieser ein falsches Wort äußert. So wie für den Narzissten der Suizid ein letzter verzweifelter Aufschrei bedeuten kann, wenn schon alles verloren ist, handelt es sich bei der Selbsttötung eines Soziopathen unter Umständen um einen Affekt, der im Zuge eines Amoklaufs auftreten kann. Solch ein Amoklauf kann eine Vergeltungsaktion für den Soziopathen darstellen, für all das begangene Unrecht, das ihm in der Vergangenheit angetan wurde.

Die Borderline-Störung

Eine nicht minder gefährliche Persönlichkeitsstörung ist die Borderline-Störung. Sie hat vor allem dramatische Auswirkungen auf den Erkrankten selber. In der verhängnisvollen Sehnsucht nach Kontakten kommt es in einer Borderline-Biografie nicht selten zu Selbstverletzungen und theatralischen Auftritten, wenn es darum geht, Partner und Freunde zu binden und in die Schuldkomplex-Falle zu locken.

Die Borderline-Persönlichkeit hat mit dem Narzissten die fehlende Empathie gemein, unterscheidet sich aber von der narzisstischen Persönlichkeitsstörung durch vermehrte Destruktivität, was durch zwanghafte Bindungen gekittet werden soll. Der Mensch mit einer Borderline-Störung ist verzweifelt auf der Suche nach Geborgenheit und Liebe und würde alles dafür geben, der Narzisst hingegen setzt andere Prioritäten. An erster Stelle im Leben des Narzissten stehen die Anerkennung und die Bewunderung durch die anderen. In seiner Welt ist gut, was gut zu ihm ist und schlecht, was ihm schadet. Die Liebe ähnelt eher einem Arrangement, auf das er sich einlässt, solange der Partner sich mit dem begnügt, was der Narzisst bereit ist zu tauschen. Weil zu beiden Krankheitsbildern gehört, dass sich die Erkrankten nicht in andere Menschen einfühlen können, wird eine Beziehung immer eine Farce bleiben, die keinen wechselseitigen Austausch und keine wirkliche Nähe kennt. Partnerschaftliche Konflikte bleiben nicht aus und gestalten sich oft sehr dramatisch.

Die hysterische Persönlichkeit

Auch bei einer weiteren Persönlichkeitsstörung, der hysterischen Persönlichkeit, ist das „Ich“ der Nabel der Welt. Ohne „Ich“ hört die Welt auf zu existieren, wie für ein Kind, das durch die Nabelschnur mit der Welt verbunden ist und durch sie versorgt wird. Es ist gleichermaßen für den Hysteriker wie auch für den Narzissten unvorstellbar, sein Inneres zu entblößen, etwas Uneigennütziges zu tun, Kontrolle abzugeben oder Kritik anzunehmen.

Insbesondere Personen mit einer narzisstischen Persönlichkeitsstörung und Borderline-Erkrankte leiden an weiteren psychischen Störungen, sodass sich die verschiedensten Symptome bei ihnen feststellen lassen. Das sind beispielsweise die Bulimie beim Narzissmus und die Selbstgefährdung sowie Suizidalität bei der Borderline-Störung. In vielen Fällen ist eine narzisstische Störung auch mit einer Borderline-Störung verbunden und ergibt schließlich ein Krankheitsbild mit unterschiedlichen Symptomkomplexen.

Die Grenzen verschwimmen und erschweren die Diagnostik und Ursachen-Findung.

Nähe und Distanz sowie Selbstwert und Zerstörung liegen bei allen Persönlichkeitsstörungen eng beieinander und machen eine Therapie äußerst schwierig. Der Therapeut braucht großes Einfühlungsvermögen und viel Geschick, um den Patienten nicht nach einer Sitzung schon zu vergraulen.

Therapie- und Behandlungsmöglichkeiten

Wenn wir uns in Erinnerung rufen, dass die Ursachen der narzisstischen Persönlichkeitsstörung psychischer, genetischer und umweltbezogener Natur sind, dann muss eine Therapie auf allen genannten Ebenen ansetzen. Die Problematik ergibt sich aus der Natur des Krankheitsbildes. Wie bereits erwähnt, wird eine Rückschau meist verweigert und Kritik ist oftmals ein Grund, die psychotherapeutische Sitzung zu verlassen, doch mit Lobhudelei gelingt kein Fortschritt. Wie also kann es gelingen, dass der Betroffene sich öffnet?

Angebote für Therapien sind vielfältig, einige von ihnen haben nur eine begrenzte Wirksamkeit, andere sind noch nicht lange genug erprobt, um schlüssige Resultate zu liefern. Viele Therapeuten beschäftigen sich damit, wie sie das Leben eines Menschen, der an einer narzisstischen Persönlichkeitsstörung leidet, verbessern können. Folgende Konzepte können dabei erfolgreich sein:

Modelle:

– Die kognitive Verhaltenstherapie
– Die Psychoanalyse bzw. tiefenpsychologisch fundierte Konzepte
– Die Schematherapie von Jeffrey Young
– Die soziale Lerntheorie nach Theodore Millon
– Gesprächspsychotherapie nach Rainer Sachse

Alle Modelle im Einzelnen vorzustellen, würde hier den Rahmen sprengen, deshalb weise ich auf die wesentlichen Merkmale hin, die Bestandteile eines jeden Modells sein müssen. Bei der Therapie eines Narzissten, unabhängig für welches Modell sich der Patient entscheidet, geht es in erster Linie darum, ein Vertrauensverhältnis zwischen dem Patienten und seinem Therapeuten aufzubauen. Das ist allerdings schwierig genug, da jede Form von Hilfe bei einem Narzissten mit Negativem besetzt ist, weil sie in seinen Augen nur etwas für Versager ist. Deshalb ist es genauso wichtig, das Bewusstsein für die Notwendigkeit einer Hilfe zu entwickeln, wie die Therapie selber durchzuführen.

Ziel muss sein, dass sich Anspruch und Wirklichkeit einander annähern und der Narzisst in die Lage versetzt wird, gesunde Beziehungen zu führen und ein tragfähiges Selbstbild zu entwickeln. Es wird auch an seiner Kritikfähigkeit gearbeitet und daran, Aggressionen in positive Aktionen zu verwandeln. Die Therapieabbruchquote ist allerdings ernüchternd, jeder Dritte bricht ab. Durch intensive Auseinandersetzung mit dem Krankheitsbild hat sich allerdings auch die Prognose verbessert.

Jedes therapeutische Modell legt seinen Fokus auf die Stärkung eines anderen Teils der Persönlichkeit, abhängig von der angenommenen Ausgangslage zur Entstehung der Erkrankung. Einig sind sich die Fachleute darüber, dass es bei der narzisstischen Persönlichkeitsstörung immer um den mangelhaft gelungenen Beziehungsaufbau von Eltern und Kind in der frühen Entwicklungsphase geht.

Zuneigung und Anerkennung sind gebunden an Leistung und Verhalten. Die Erfahrung, dass es nie ausgereicht hat, einfach nur zu „sein“, führt in der Folge dazu, dass ein neues Ich ins Leben gerufen wird, eines, das alles kann, alles weiß und die Krönung der Schöpfung darstellt. Der abgespaltene Teil der narzisstischen Persönlichkeit führt ein Schattendasein, ist aber dennoch Grund für unzählige persönliche Katastrophen, wie du dir gut vorstellen kannst.

Schließlich möchte ich noch eine weitere Therapieform erwähnen, die sich für Paare eignet, nämlich die systemische Paartherapie. Hierbei gehen die Therapeuten davon aus, dass die Störung eine Störung im System ist und sich durch das System manifestiert. Der Narzisst kann in einer Beziehung nur so agieren, wie er es tut, wenn er eine Partnerin hat, die mitspielt und sich nicht wehrt. Während beide festen Mustern folgen, um Schmerz und Angst zu minimieren, wird gerade dadurch die Spirale der Furcht in Gang gesetzt. In einer Paartherapie müssen demzufolge immer beide Partner gestärkt werden. Besonderes Augenmerk verdient dabei die Position des Partners, der unter der narzisstischen Persönlichkeitsstörung des anderen leidet. Es gilt hierbei zu verhindern, dass es zu psychischen Schäden oder einer weiteren Persönlichkeitsstörung des Partners oder der Partnerin des Narzissten kommt.

Der „typische“ Narzisst – Wie du ihn erkennst und verstehst

Es ist nicht einfach, einen krankhaften Narzissten zu identifizieren, ganz besonders wenn wir uns in der Rolle des Betroffenen befinden. In einer Partnerschaft macht der Narzisst zu Beginn eine Menge Eindruck. Er ist der strahlende Mittelpunkt jeder Party und auch in der Zweisamkeit ist er ein charmanter Liebhaber, unterhaltsam und facettenreich in seinem Verhalten. Irgendwann jedoch beginnt der Alltag und mit ihm die Konfrontation mit der Realität. Manchmal braucht es lange, bis fehlendes Mitgefühl und Machtansprüche den verständnisvollen Schein, den der Narzisst ausstrahlt, verdrängen. Stets macht nur einer den Abwasch, auch wenn derjenige eigentlich mit Fieber im Bett bleiben müsste. Der andere ist der Narzisst, der gar nicht daran denkt, seinem Partner ein wenig unter die Arme zu greifen. Genau diese Situation habe ich in meiner damaligen Beziehung erfahren: Mein Partner hatte es geschafft, dass ich mich schlecht und faul fühlte, wenn ich den Haushalt nicht erledigte. Dass es nichts mit Faulheit zu tun hat, wenn man das dreckige Geschirr bei fast 40 Grad Fieber liegen lässt, war mir zwar klar, aber dennoch habe ich mich enorm unter Druck gesetzt gefühlt.

Ich wollte ihm gefallen, ihn nicht mit dem Haushalt belasten, wenn er von der Arbeit nach Hause kam und vor allem wollte ich nicht seine Wutausbrüche abbekommen, da ich ohnehin durch das Fieber schon sehr geschwächt war.

Wenn du den Narzissten kritisierst, entfachst du unter Umständen ein Feuerwerk an Beschimpfungen und wenn du denkst, du bist die einzige für ihn, wirst du böse erwachen. Selten begnügt sich ein männlicher Narzisst mit einer einzigen Sexualpartnerin. Er kann nichts dafür, denn seine Sehnsucht nach Erfüllung und Anerkennung jagt ihn immer weiter und treibt ihn zu Seitensprüngen. Erfolg und Macht sollen das Fehlen von positivem Selbstwertgefühl, von Vertrauen in andere Menschen und von funktionierenden sozialen Bindungen ersetzen. Der weibliche Narzisst hat denselben Absolutheitsanspruch wie der männliche, die Krankheit äußert sich aber in der Regel nicht so aggressiv, sondern eher passiv. Der weibliche Narzisst droht typischerweise mit Suizid, wenn der Partner die Trennung zur Sprache bringt.

Im Job werden Menschen mit einer narzisstischen Persönlichkeitsstörung von Kollegen als anstrengend empfunden, sehen sie alles nur im Licht der Leistung, ihr Konkurrenzgehabe zerstört Freundschaften und sät Misstrauen. Oft sind Narzissten die eifrigsten, die, die immer noch mehr arbeiten wollen, sich nicht selten überschätzen und die eigenen Grenzen ignorieren bis zur totalen Erschöpfung. Narzissten sind Burnout-gefährdet. Mit Drogenkonsum werden Ängste und Erschöpfung kaschiert. Im Zusammenleben mit einem Narzissten fällt besonders seine Resistenz gegenüber Kritik auf und das fehlende Einfühlungsvermögen, das wie eine kalte Dusche in Zeiten der Schwäche den Rücken herunterläuft. Diese Kombination hat fatale Folgen für ihre Umgebung. In gleicher Weise ist es die Selbstbeweihräucherung, die Schaden im Freundeskreis und der Familie anrichtet. Die Bekanntschaften ziehen sich zurück, wenn sie können. Manchmal wird die Erkrankung auch zu spät entdeckt.

In diesen Fällen vergehen Jahre, bis sich der Partner retten kann. Es ist leider nicht selten, dass der gesunde Part in einer Beziehung ebenfalls mit psychischen Auffälligkeiten reagiert. Es gibt nicht das eine Kennzeichen, das einen Narzissten als Menschen mit einer narzisstischen Persönlichkeitsstörung ausweist, alle Symptome müssen im Zusammenhang gesehen werden. Daraus ergibt sich eine offizielle medizinische Diagnostik für die narzisstische Persönlichkeitsstörung.

Ein Mensch muss mindestens fünf der hier genannten Symptome aufweisen, um als pathologischer Narzisst klassifiziert zu werden:

- Unstillbares Verlangen nach Bewunderung
- Übersteigertes Imponiergehabe, überzogenes Selbstbild
- Ausbeuterisches Verhalten in Beziehungen
- Erfolgsfantasien, Einbildungen, in denen es um Schönheit und Brillanz geht
- Aus der Überzeugung der eigenen Einzigartigkeit folgt der Kontakt einzig zu
- ebenfalls „Auserwählten"
- Ein offenes Anspruchsdenken, das unter Umständen auch lautstark eingefordert wird
- Fehlen von Empathie
- Die Charaktereigenschaft des Neides ist überproportional ausgebildet
- In gleicher Weise verhält es sich mit der Überheblichkeit

Bist du mit einem Narzissten konfrontiert, hilft es zunächst einmal, zu erkennen, dass es so ist. Es hilft dir insofern, dich selbst abzugrenzen und Verhaltensweisen zu verstehen. Ohne psychologischen Rat wird diese Partnerschaft oder Freundschaft allerdings zum Scheitern verurteilt sein. Das Verstehen alleine führt nämlich noch nicht zwangsläufig aus der Beziehungsfalle mit einem Narzissten heraus.

Wie denkt und fühlt ein Narzisst?

Kinder suchen sich ihre ersten Kontaktpersonen nicht aus, sie sind ihren Eltern zunächst einmal ausgeliefert. Von frühester Kindheit über die Jugend bis zum Heranwachsenden benötigen Kinder elterliche Unterstützung. Ihr Bewusstsein erwacht und die Pubertät mit ihren hormonellen Veränderungen erfordert Verständnis und Rücksicht. Auf diesem langen Weg der Persönlichkeitsbildung kann einiges misslingen, das einen Narzissten entstehen lässt.

Vor allem der Aufbau menschlicher Beziehungen erweist sich als kompliziert. Wir lernen von unseren Eltern, welches geheime Reglement den Funktionen der Beziehungen zugrunde liegt und wie wir eine gesunde Beziehung knüpfen und erhalten können. Nun gibt es aber auch Eltern, die selbst krank sind oder nie gelernt haben, wie es sich anfühlt, miteinander Umgang zu pflegen, sodass alle Beteiligten sich wohlfühlen und optimal entwickeln können. Was können sie ihren Kindern beibringen? Was können sie weitergeben?

Zu einem Teil ist die Veranlagung für eine narzisstische Persönlichkeitsstörung vererbt. Die anderen Teile werden von der Umwelt geformt. Alles, was uns im Laufe unserer Kindheit und Jugend begegnet, kann uns fördern oder schaden. Auch die Entstehung einer narzisstischen Persönlichkeitsstörung liegt, wie ich bereits erklärte, zu einem großen Teil an der Kindheit. Sie kann auch als eine Beziehungsstörung verstanden werden. Der Narzisst hat schon als kleines Kind gelernt, so zu denken und fühlen, wie er es eben tut.

Ein Narzisst denkt, dass er der Größte ist, weil Mutter und Vater ihm das so beigebracht haben. Ein Narzisst denkt, dass er unbedingt allen beweisen muss, dass er der Größte ist, da er sich in Wahrheit nicht so fühlt, aber den Anschein wahren will.

Er spürt den maroden Kern seines Ichs, fühlt sich wertlos und höchst gefährdet, zertrampelt zu werden. Auch das hat er von seinen Eltern gelernt, die ihn nur beachtet haben, wenn er Leistung gebracht hat. Überhöhung und Vernachlässigung – beide Seiten der Medaille haben dieselben negativen Auswirkungen. Bedingungslose Liebe hat er nie erfahren, Ruhm und Ehre sollen Ersatz sein. In einer Liebesbeziehung werden die Ausmaße seines Mangels deutlich. Er bleibt alleine, weil er nicht geben kann. Weiß er doch nicht, wie er sich vergessen kann, um sich zu finden. Der Narzisst denkt an die anderen nur, insofern sie ihm dazu verhelfen, Anerkennung zu bekommen. Alleine in seiner Wohnung fühlt er die Leere, die draußen zu seiner Jägerin wird. Der Narzisst fühlt sich auf der Bühne so wohl, da dort keiner seine jeweilige Position verlässt oder das Überlebenskunstwerk des Narzissten ins Wanken bringt. Dies ist metaphorisch gemeint, mit „Bühne“ sind alle möglichen Orte und Situationen gemeint, in denen der Narzisst sein Schauspiel eines charismatischen und glücklichen Erfolgsmenschen vollziehen kann. Er hat alles bis ins letzte Detail geplant. So funktioniert das Leben für ihn!

Ein Mensch mit einer narzisstischen Persönlichkeitsstörung ist rund um die Uhr damit beschäftigt, an sich zu denken. Das ist das Besondere an seinem Denken, er selbst steht dabei ständig und in jeder Situation im Mittelpunkt. Da seine Eltern ihn als Kind in den siebten Himmel gehoben haben, haben sie ihm verwehrt, eine reelle Beziehungskompetenz zu entwickeln, die ebenso Kritik wie auch Anerkennung vertragen kann. Allerdings kann sich ein Narzisst auch in andere hineinversetzen, zum Beispiel in dein Denken. Er wird dich durchschauen und das für sich nutzen, um dich zu instrumentalisieren. Im Prinzip weiß ein Narzisst genau, was er tut.

Das vorsichtige Resümee könnte lauten:
Ein Narzisst denkt hauptsächlich an sich selbst, seinen eigenen Vorteil und daran, wie er am besten brillieren kann. Ich will ihm keineswegs böse Absichten unterstellen, vielmehr liegt dieses Denken in seiner Natur. Den Ursprung dessen habe ich dir bereits erklärt.

Der Narzisst fühlt sich selbst nur selten bis gar nicht, da er sonst sein fragiles Ich zu spüren bekäme. Alles, was er tut, dient dem Zweck, seinen Schein zu wahren und die Anerkennung zu bekommen, nach der sein inneres Kind und Erwachsenen-Ich so dürstet.

Verhaltensmuster eines Narzissten

Wie ich bereits erwähnte, ist die Persönlichkeit eines Narzissten komplex und gibt immer wieder Rätsel auf, wenn es um die diagnostische Eingrenzung des Krankheitsbildes der narzisstischen Persönlichkeitsstörung geht. Die Vehemenz, mit der Verhaltensweisen an die Oberfläche gelangen, gibt schließlich Aufschluss darüber, ob eine Störung zutrifft oder nicht. Selbstverständlich spielt dabei auch der Leidensdruck eine Rolle, der meist eher vom Umfeld als vom Narzissten selbst wahrgenommen wird.

Die immer wiederkehrenden Verhaltensmuster sind nicht nur für das Umfeld problematisch, sondern auch für den Narzissten. Gewiss gibt es auch Tugenden unter den Verhaltensweisen eines Narzissten. Beispielsweise sind der Arbeitseifer und die kämpferische Einstellung nach Niederlagen vor allem am Arbeitsplatz gerne gesehen. Entscheidungsfreudigkeit und Konkurrenzdenken sind Chefallüren.

In der Liebe haben der sexuelle Ideenreichtum und die scheinbar unstillbare Begierde eine hohe sexuelle Anziehungskraft auf den Partner, zumindest am Anfang. Irgendwann kommt die bange Frage: Gibt es da eigentlich noch etwas anderes außer Sex?

Zu den ebenfalls immer wiederkehrenden Mustern kann der sprachliche Ausdruck gerechnet werden.

Der Wortschatz eines Narzissten weist eine Fülle von aufmerksamkeitsheischenden Formulierungen auf, die nur einem einzigen Zweck dienen, nämlich, dass sich alle Anwesenden um ihn scharen und ihm Bewunderung zollen. In diesem Zusammenhang wird auch die Realität angepasst.

Erzählt jemand eine Geschichte, die tatsächlich geschehen ist, die aber dem Narzissten nicht gefällt, behauptet er einfach, sie stimme nicht. Er vermag es, dem Partner Worte im Mund umzudrehen, damit sie keinen Widerspruch zu seinen eigenen Schilderungen ergeben.

Auf Kritik wird heftig reagiert, es kann in diesem Zusammenhang sogar zu Tobsuchtsanfällen kommen. Kontrollverlust wird als extrem bedrohlich erlebt, deshalb besteht das Verlangen, seine Umgebung inklusive des eigenen Partners zu kontrollieren. Eine Eigenschaft, die mehr als nur lästig ist, sondern sich geradezu vernichtend auswirken kann, ist die Tendenz, sich selbst zu erhöhen, indem andere erniedrigt werden. Dieses Verhaltensmuster verhindert insbesondere eine freie Entfaltung der Fähigkeiten der Partner und Partnerinnen des Narzissten. Sie werden beschränkt und nicht selten werden Karrieren verhindert und Lebenswege verbarrikadiert. Ein Narzisst legt nicht immer alle beschriebenen Verhaltensmuster an den Tag, aber eines ist immer präsent, das der Gefühllosigkeit. Ob der Narzisst sich seine Gefühllosigkeit nun anmerken lässt oder Gefühle vortäuscht, fehlende Empathie ist immer gegeben. Dies macht es so schwierig, mit dem Narzissten zusammenzuleben. Seine Kälte ist es auch, die Veränderung und Heilung verhindert und einer Therapie alles abverlangt.

Wie sich ein Narzisst in der Liebe verhält

Die narzisstische Persönlichkeitsstörung und die Liebe sind wie zwei Arbeitskollegen, die allein durch ein Projekt miteinander verbunden und aufeinander angewiesen sind. Der Narzisst hat nie gelernt, zu lieben, weil ihm die Fähigkeit fehlt, sich in einen anderen Menschen hineinzuversetzen. Ohne Mitgefühl und Liebe bleiben nur Anerkennung, Ruhm und Bewunderung.

Der weibliche Narzisst ist die Frau, die ihrem Partner alle Wünsche bedingungslos erfüllt. Die wahre Motivation hinter ihrem devoten Verhalten ist dabei ganz und gar nicht transparent. Süchtig nach Macht hofft auch sie, ihn kontrollieren zu können. Ein „Nein" entfesselt tiefsitzende Unsicherheit und führt in einer Partnerschaft auf beiden Seiten zu heftigem Streit.

Schnell fühlt sich der Narzisst verletzt und wirft dem Partner vor, ihn nicht mehr zu lieben. Der Partner des Narzissten muss ihm sein Leben bedingungslos zur Verfügung stellen. Der Narzisst bestimmt immer, wo es langgeht und mit welcher Geschwindigkeit.

Er beutet seinen Partner skrupellos aus und entwertet ihn gleichzeitig, um sich selbst noch größer zu machen. Worte werden dem Partner im Munde verdreht und dadurch ist es auch unmöglich, eine vernünftige Unterhaltung oder Diskussion zu führen. Schnell wird es laut und aggressiv.

Wenn der männliche Narzisst beim Fremdgehen ertappt wird, leugnet er alles und schiebt die Schuld seiner Partnerin in die Schuhe. Er habe allen Grund, sich umzuschauen, wenn sie ihn nicht mehr bewundere, heißt es frech.

Immer wieder werden Zweifel beschwichtigt und das Selbstbewusstsein des Partners wird klein gehalten. Ein besonders auffälliges Merkmal einer narzisstischen Liebe ist die Tatsache, dass einer immer kleiner wird. Kleiner an Mut, an Selbstwert, an Freude und an Tatendrang.

Unsere Gesellschaft verändert sich und entfaltet überall ein Schwarz-Weiß-Denken. Der Narzisst fällt so lange nicht auf, weil wir ihn begünstigen. Die Liebe und ihr Wert scheinen sich zu vergegenständlichen, zu materialisieren. Eine neue Moral ist entstanden, die von anderen Werten bestimmt wird. Wahre, selbstlose Liebe ist ein seltenes Gut.

Dem pathologischen Narzissten geht es in einer Beziehung immer um sein eigenes Ego. Es geht um die totale Kontrolle in jeder Situation. Er verhält sich in der Liebe wie ein Handeltreibender, er gibt die halbe Menge zum doppelten Preis.

Kann ein Narzisst überhaupt lieben?

Wenn wir uns mit dieser Frage beschäftigen, dann müssen wir in diesem Zusammenhang noch eine weitere Frage stellen, nämlich die nach dem Wollen. Inwieweit liegt dem Narzissten ein Interesse am Lieben am Herzen?

Hat er die Wahl, wird er sich für die Bewunderung entscheiden. Er weiß nur zu gut, dass Lieben untrennbar mit Geben und Nehmen zusammenhängt und zum Geben ist er nur bereit, wenn eine Gegenleistung winkt. Natürlich sprechen wir hier von der pathologischen Form des Narzissmus. Der „gesunde“ Narzissmus reicht auf einer Skala von 1 bis 100 bis 101. Schwierig ist es, ihn an seinen Grenzen zu identifizieren und von der krankhaften Form exakt zu trennen. Mal ist eine Verhaltensweise eklatant über dem zulässigen Höchstwert, mal knapp darunter. Diese Erfahrungen sind direkt auf die Kunst des Liebens zu übertragen. Alle, die nur ein bisschen narzisstisch sind, können sich dennoch auf einen Partner einlassen. Sie werden sich entscheiden, Hilfe in Anspruch zu nehmen und bleiben gesprächsbereit. Sie haben gelernt, sich selbst zu kontrollieren und können einen Partner lieben, wie ein gesunder Mensch mit all seinen Stärken und Schwächen. Menschen mit einer narzisstischen Persönlichkeitsstörung haben dagegen große Schwierigkeiten in Beziehungen und noch größere in der Liebe.

Inwiefern ist er beziehungsfähig und macht eine Partnerschaft mit ihm Sinn?

Jeder pathologische Narzisst hat seine persönliche Leidensgeschichte, die ihn in die Krankheit geführt hat. Genauso gibt es aber auch für jeden einzelnen Erkrankten einen Weg hinaus. Dass dies kein einheitlicher Weg sein kann, wird deutlich, wenn wir uns der Ursachenforschung nähern. Unterschiedliche Härtegrade von krankhaftem Narzissmus und verschiedene Koinzidenzen mit anderen Krankheitsbildern erfordern kreative Lösungen für den Weg in die Freiheit. Der Partner ist im Vorteil, wenn er die Diagnose kennt. In diesem Fall gilt es, sich zu schützen, alte Freundschaften zu pflegen, sich früh genug Hilfe zu suchen und in der Phase der Krankheit des Partners genau abzuwägen, ob es Sinn macht zu bleiben.

Ist der narzisstische Part bereit für eine Therapie, gibt es große Hoffnung für die Beziehung. Leider ist das aber nicht immer der Fall. Der gesunde Partner befindet sich dann in einer wahren Zwickmühle: Kein Mensch lässt seinen Freund und Partner gerne alleine zurück, wenn es ihm nicht gut geht. Auf der anderen Seite gibt diese Erkrankung Anlass zur Sorge, dass der gesunde Partner auch infiziert wird. Unzählige Leidensgeschichten erzählen von schwierigen Trennungen, nach denen derjenige, der sich retten konnte, dennoch geschwächt und entkräftet am Boden lag. Das Zusammenleben mit einem Narzissten zehrt an der Substanz, der tägliche Widerstand und das Lavieren mit angehaltenem Atem, an Wutausbrüchen vorbei wieder in stilles Gewässer, sind kräfteraubend. Das ist keine Kaffeefahrt, es kostet Energie und Nerven. Jeder Partner muss für sich entscheiden, inwieweit er sich diesen Zweikampf zutraut und ob solch eine Partnerschaft für sich selbst einen Sinn macht. Es ist ratsam, vor einer Entscheidung mit Freunden oder der Familie Rücksprache zu halten.

Der Verlauf der Beziehung – Von Illusion über Abwertung bis hin zur Endphase

Partnerschaftliche Beziehungen mit einem krankhaften Narzissten entwickeln sich oft nach gleichen Mustern. Ähnlichkeiten sind daher kein Zufall. Häufig verlaufen diese Beziehungen in drei Phasen, die sich immer wieder beobachten lassen.

1. Illusion

Die Phase des ersten Kennenlernens ist prickelnde Versuchung. Der Narzisst ist eine schillernde Gestalt unter vielen grauen Mäusen. Er unterhält mit aufregenden Geschichten, ist witzig und geistreich, er hat Ausstrahlung, weil er von sich überzeugt ist und weiß offenbar genau, wohin es gehen soll. Kurzum ein Mensch, dem sich jeder gerne anschließt und unterordnet. Der Narzisst bezirzt und zieht dich völlig in seinen Bann. Er gibt dir das Gefühl, genau der oder die Richtige zu sein und dich zu verstehen. Er übersät dich mit Aufmerksamkeit und Liebe, fast so, als wäre es zu schön, um wahr zu sein. In dem, wie er dir seine Zuneigung zeigt, ist er sehr extrem und stürmisch. Er meldet sich sehr häufig und versucht, so schnell wie möglich eine feste Beziehung zu starten.

Für die Partnerin eines Narzissten eröffnen sich neue Horizonte im Hinblick auf sexuelle Erfahrungen, denn auch in seinem Sexualverhalten ist der Narzisst oft sehr extrem. Man könnte ihn als Verführer bezeichnen, für den es nicht schnell genug gehen kann und der sich sehr viel Mühe gibt.

Diese Phase währt ein Weilchen. Wie lange, das ist von einer Reihe von Faktoren abhängig. Beispielsweise von der Vorerfahrung des Partners im Hinblick auf Beziehungen, von seiner momentanen Lebenssituation und seinen verschiedenen Wesenszügen.

Was du nicht bemerkst, ist die vorausgegangene Analyse des Narzissten. Bevor er sich die Mühe gibt, dich zu verzaubern, wird er prüfen, ob du in sein Beuteschema passt. Also letztendlich, ob du als seine Partnerin taugst und er das Gefühl hat, dich brechen und biegen beziehungsweise gefügig machen zu können. Frauen mit Selbstzweifeln gefallen ihm natürlich besonders, da sie leichte Opfer sind. Das heißt aber nicht, dass er nicht auch Gefallen an selbstbewussten Frauen finden kann. Hierbei könnte er immerhin auch den Kick erleben, eine starke Frau an sich zu binden, zu brechen und gekonnt zu manipulieren.

2. Kennenlernen und Abwertung

Die zweite Phase ist der Übergang von paradiesischen Zuständen zum Erwachen und dem Kennenlernen des Narzissten. An dieser Stelle wird normalerweise eine größere Nähe aufgebaut und das Vertrauen wächst. In der Beziehung mit einem Narzissten geschieht genau das Gegenteil. Nähe wird nicht zugelassen. Nicht nur das, sie wird mit heftiger Abwehr quittiert. Klärende Gespräche gibt es nicht. Der Sex fühlt sich oft immer noch so wie am Anfang an. Doch das Zusammensein färbt sich grau und das Herz klopft nun vor Furcht. Der Narzisst beginnt, dich abzuwerten, was er so gut anstellt, dass du tatsächlich an dir selbst zweifelst statt an dem Narzissten. Im Alltag zeigt sich dieses Verhalten immer wieder, sogar bei Kleinigkeiten, und zwischen den Zeilen wirst du vom Narzissten gezielt erniedrigt. Es gelingt ihm, dich glauben zu lassen, du wärst an allem schuld. Hierbei manipuliert der Narzisst wie ein Profi.

Die beste Freundin rät, den Narzissten zu verlassen. Du fühlst dich nicht mehr so stark wie in der ersten Zeit, deine Selbstsicherheit hat Risse bekommen. Du führst zähe Verhandlungen mit dir selbst und immer gewinnt der Teil, der mit ihm zusammenbleiben möchte. Du entschuldigst dich für ihn und sein Verhalten bei der Freundin so wie auch vor dir selbst. Unbemerkt erfüllst du seine Prophezeiungen und machst dich klein. Das Zuhause gleicht einer Zelle, zu der nur er über einen Schlüssel verfügt. Er weiß zu gut, wie er dich abwerten kann, damit du dich selbst verlierst und bereit bist, voll und ganz für ihn zu funktionieren.

Mit viel Willenskraft könntest du ihm noch entkommen oder liebst du ihn schon zu sehr?

Mitten in der Hölle ist es allein nicht mehr zu schaffen. Freunde und Familie müssten sich einschalten oder du wirst krank und bekommst vom Arzt eine Narzissmus-Abstinenz verschrieben. Für den einen oder anderen ist das sogar ein Glück, weil Krankheit verpflichtet, sich um sich selbst zu kümmern.

3. Die Endphase

Die letzte Phase ist die schlimmste. Das volle Ausmaß des Grauens der Beziehung kommt zum Vorschein. Du bekommst seine Schattenseiten in vollem Umfang zu spüren. Er übt die größte Macht aus.

Wenn du die Trennung aussprichst, dann lässt dich der Narzisst nicht gehen oder wirft dich mit all deinem Hab und Gut aus dem Fenster. Wenn er dich sozusagen aufgebraucht hat, behandelt er dich wie Abfall. Vielleicht hast du ihm längst ausgedient, sodass er dich letztendlich ziehen lässt. Oder er kann dich noch für etwas gebrauchen, dann wird er dich natürlich nicht so schnell aufgeben wollen und umso mehr Druck aufbauen, um dich zu halten.

Wenn es dir gelingt zu gehen, folgt entfesselte Frustration. Der Narzisst verkriecht sich nach verlorener Schlacht in das Schneckenhaus der Depression. Auch das andere Extrem ist vorstellbar, Gewalt und Eskalation. Vielleicht beginnt er auch sofort eine neue Beziehung, in der er erzählt, wie katastrophal die letzte war.

Nach dem Scheitern der Beziehung gibt es selten die Möglichkeit für einen Neuanfang oder eine friedliche Freundschaft, zu tief ist die Verletzung der Würde des Narzissten, schmachvoll und inakzeptabel. Verlassen zu werden gibt es für ihn nicht. Auf der anderen Seite wirst auch du nach einer gelungenen Trennung hoffentlich nicht nochmal auf ihn hereinfallen oder dich erneut auf ihn einlassen.

Taktiken eines Narzissten und wie du am besten mit ihm umgehst

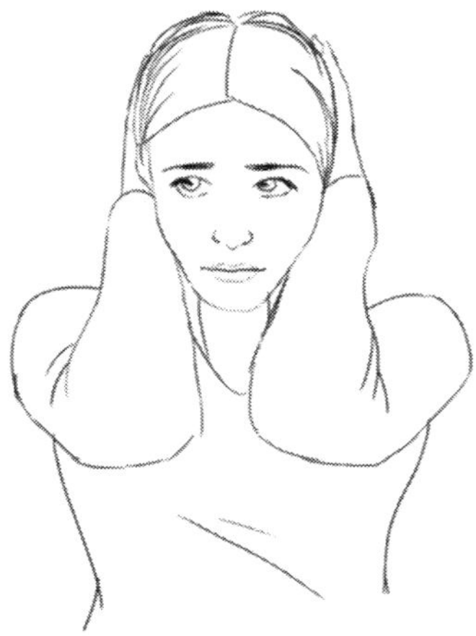

Ein Narzisst schafft es häufig, seine Partnerin so sehr zu verunsichern, dass diese beginnt, an sich selbst zu zweifeln. Absprachen werden missachtet und der Wahrheitsgehalt von Aussagen wird öffentlich demontiert und ins Gegenteil verkehrt. Schuldzuweisungen funktionieren immer, zumal Frauen als gesunde Partner gerne Verantwortung übernehmen und helfen wollen. Freunde werden schlechtgemacht und nicht selten versucht der Narzisst, seine Partnerin von ihren Kontakten abzuschneiden. Besonders dramatisch verläuft die Entwicklung, wenn körperliche Gewalt ins Spiel kommt.

Eines der beliebtesten Mittel, um die bestehende Ordnung aufrechtzuerhalten, ist die grausame **Dressur-Methode**, die Narzissten einsetzen, um ihren Partner an die Kandare zu nehmen. Sie ist auch bekannt unter dem Begriff „Zuckerbrot und Peitsche". Nur ein gefügiger Partner ist ein nützlicher Partner. Zeigt seine Partnerin das gewünschte Verhalten, wird sie belohnt mit Aufmerksamkeit und Liebe. Zeigt sie es nicht oder gar gegenteiliges Verhalten, wird sie bestraft.

Der Narzisst bedient sich bei dieser Methode aller möglichen Mittel. Er macht Geschenke und spricht seine Bewunderung aus. Seine Strafen reichen von Ignorieren über verbale Attacken bis hin zu körperlichen Angriffen und auch noch viel weiter...

Gaslighting und Love Bombing sind zwei neue Begriffe für ein altes Phänomen: die emotionale Berg- und Talfahrt in einer Beziehung, in der manipuliert wird, was das Zeug hält.

Beim **Love Bombing** wird schamlos die Liebe als Lockmittel und Waffe eingesetzt. Der Narzisst überhäuft seine Partnerin mit Aufmerksamkeit und Liebe. So lockt er sie an und bindet sie an sich. Dieses Love Bombing findet in der Anfangsphase der Beziehung statt. Die Narzissten geben vor, eine Person zu sein, die sie in Wirklichkeit gar nicht sind. Sie scheuen keine Mühe, ihre „Beute“ von sich zu beeindrucken. Auch ich bin darauf reingefallen und dachte, seine Methode sei ein Ausdruck seiner Liebe. Ich genoss es, von ihm erobert zu werden. Dass es sich dabei um das Phänomen des Love Bombing handelte, war mir nicht bewusst. Dies durchschaute ich erst viel später.

Das Gaslighting ist eine Art psychische Gewalt, die der Narzisst auf seine Partnerin ausübt. Dabei wird eine Art **Gehirnwäsche** unternommen, die die Partnerin in letzter Konsequenz an ihrem eigenen Ich zweifeln lässt und derart verunsichert, dass alles möglich scheint.

„Nur ich verstehe dich“, ertönt es da aus dem Mund des Narzissten oder „versuch doch mal, alles alleine zu machen, das schaffst du nie!“. Die Taktik, seiner Partnerin jegliches Selbstwertgefühl zu rauben, ist sehr typisch für Narzissten. Dies gelingt ihm oft, da er zuvor ihr Vertrauen gewann. Mit der Zeit zerstört er auch das Realitätsvermögen seiner Partnerin, denn er geht sehr geschickt vor und lässt sich Zeit. So gelingt es ihm über kurz oder lang, sie völlig zu verunsichern.

Eine weitere gefährliche Taktik ist die **Isolation**. Freunde und Familie der Partnerin werden von dem Narzissten schlecht geredet, bis die Partnerin Unsicherheit zeigt. Sätze wie zum Beispiel „der nutzt dich doch nur aus, weil du ihm hilfst" sind oft erfolgreich.

Aggressionen und Gewalt streuen Furcht auf die geschwächte Seele des Partners. In vielen Fällen kommt es zu körperlichen Angriffen.

Der beste Umgang mit diesen Taktiken

Beim Umgang mit einem Narzissten geht es in erster Linie um den eigenen Schutz. Im folgenden Text gehe ich etwas genauer auf die einzelnen Taktiken ein und gebe dir Ratschläge, wie du ihnen am besten begegnen solltest.

Der beste Umgang mit der Dressur-Methode

In der Regel trifft der Narzisst in einer Beziehung auf eine Partnerin, die sich beeindrucken lässt. Es ist eine Partnerin, die liebt, gibt und verzeiht. Die Partnerin findet vor allem für sich selbst gute Entschuldigungen, warum der Geliebte sie schon wieder im Stich gelassen hat und nicht mit sich reden lässt. Die Beziehung wird aufrechterhalten durch vehementes Wegschauen, und genau diese Charaktereigenschaft machen sich Narzissten zunutze. Die Dressur des Partners würde niemals mit einem selbstbewussten Partner funktionieren. Dressieren lassen sich Geschöpfe, die sich in Abhängigkeit zu ihrem Meister befinden. Ebenso verhält es sich bei der narzisstischen Beziehung zwischen zwei Menschen. Der Narzisst degradiert das Ich seiner Partnerin zum Diener seiner persönlichen Wünsche. Er lobt und bestraft sie wie der Zirkusdirektor seine Löwen. So wie sich aber über den Umgang mit den Löwen beziehungsweise auch mit allen anderen Tieren in einem Zirkus diskutieren lässt, verhält es sich auch mit der Dressur eines Menschen: Es findet immer ein Missbrauch an der Seele statt.

Der Narzisst schafft erst den Nährboden, auf dem er der Partnerin dann seinen Willen aufzwingt. Das geschieht durch die Aussaat zerstörerischer Verhaltensweisen, die den Partner schwächen und verunsichern sollen. Die Partnerin gibt sich auf und ordnet sich dem Narzissten bedingungslos unter. Ist dieses Ziel erreicht, hat der Narzisst einen Partner fürs Leben und die Partnerin alles verloren. Niemand, der unabhängig sein und bleiben möchte, wird bewusst akzeptieren, dressiert zu werden. Was kannst du also tun? Wie solltest du mit solchen Taktiken umgehen?

Bei den geringsten Anzeichen, dass der Narzisst dir seinen Willen versucht aufzuzwingen, musst du handeln. Stell ihn zur Rede, und seine Reaktion wird dir den Weg weisen. Gibt er es zu und verspricht dir, das zu lassen und sich zu ändern, so kannst du darüber nachdenken, die Beziehung fortzuführen. Ist er bereit, eine Therapie zu beginnen? Auch das sollte für dich ausschlaggebend sein, ob eure Beziehung weiter Sinn macht. Streitet er es allerdings ab, ist größte Vorsicht geboten. Wie lange willst du noch zusehen? Vielleicht versucht er wieder und wieder, dich zu manipulieren und geht dabei immer subtiler vor, bis du es eines Tages gar nicht mehr bemerkst? Überlege dir deshalb gut, ob du ihm weiter vertrauen willst und kannst. Vertrauen ist die Basis einer jeden Beziehung.

Psychische Beeinflussung mit dem Ziel, den Partner gefügig zu machen und ihn seines Selbstbewusstseins zu berauben, ist und bleibt eine Art von Missbrauch.

Der beste Umgang mit dem Love Bombing

Wie fühlt es sich an, wenn du lange als Single gelebt hast und dann jemanden kennenlernst, der dich mit Liebe geradezu überschüttet? Du schwebst im siebten Himmel und auf der Fahrt nach oben verlierst du deinen gesunden Menschenverstand. Nicht immer ist eine derart überschwängliche Liebesbezeugung krankhafter Natur, aber wenn sie es ist, gibt es dabei ein paar unverwechselbare Anzeichen.

Auf die Zeit der Wollust und Fülle folgt ein abrupter Rückzug des Narzissten. Grund für diese Taktik ist die Furcht des Narzissten, du könntest ihm doch noch in seine Karten schauen. Bevor es zu nah wird, entfernt sich der Narzisst. Er spielt mit dir „Nähe und Distanz“. Verletzungen sind gewollt. Du sollst ihn so dringend brauchen, dass du auf all seine Forderungen eingehst, was immer er von dir verlangt. Sei unbedingt vorsichtig und kritisch bei Männern, die dir übertrieben ihre Liebe demonstrieren und dich ganz und gar verzaubern. Diese Taktik kann gefährlich für dich sein – aber Gott sei Dank ist sie erkennbar durch den anschließenden, typischen Rückzug des Narzissten. Um vieles gefährlicher ist eine weitere Taktik, die es dem krankhaften Narzissten ermöglicht, dich im Kern zu zermürben, dein Selbst zu zerstören. Sie ist die nächste Stufe des Love Bombing und nennt sich Gaslighting.

Der beste Umgang mit dem Gaslighting

Das Gaslighting ist psychischer und emotionaler Missbrauch auf höchster Ebene. Hier soll die gesamte Persönlichkeit des Partners in Frage gestellt werden. Sinneseindrücke des Partners werden vom Narzissten angezweifelt, Behauptungen werden ins Gegenteil verkehrt, das Umfeld des Partners wird kritisiert, falsche Hoffnungen werden geweckt und Lügen werden verbreitet. Ziel ist es, den Partner in seinem „Sosein“ zu zerstören. Besonders für sensible Naturen ist diese Taktik des Narzissten nicht leicht zu durchschauen, zumal sie erst nach geraumer Zeit Wirkung zeigt, wenn es oft zu spät zu einer Umkehr ist. Der Umgang mit all diesen Taktiken sollte, sofern sich der Narzisst nicht für eine Therapie bereit erklärt, im Rückzug des Partners und der Trennung liegen. Du kannst als Beziehungspartner keinen Menschen mit einer narzisstischen Persönlichkeitsstörung heilen, das kann höchstens ein Therapeut mit großem Einfühlungsvermögen.

Für dich muss es heißen, Abstand zu gewinnen und deinem Selbstwertgefühl wieder Nahrung zu geben, zurück ins Leben zu finden und dich selbst wieder wertzuschätzen. Oder ihn zu verlassen, noch bevor er dich zerstört hat.

Der pathologische Narzissmus ist kein leichter Schnupfen, sondern eine massive Persönlichkeitsstörung, bei der fundamentale Strukturen des Selbst, die ursprünglich für das Lernen und die Empathie zuständig sind, lahmlegt sind. Zu groß ist die Gefahr für den Partner eines Narzissten, ebenfalls psychisch zu erkranken.

Der beste Umgang mit Isolation

Du darfst deine bestehenden, gesunden Kontakte nicht vernachlässigen. Vor allem ist es wichtig, dass du Verbindung zu den Menschen hältst, die dich wirklich gut kennen, die dir frühzeitig deinen Zustand schildern können, während du selbst noch denkst, alles sei in Ordnung. Dann kann es dem Narzissten nicht gelingen, dich zu isolieren oder deine Wahrnehmung der Realität zu trüben. Warum solltest du den Kontakt zu Familie und Freunden abbrechen? Sicherlich wird der Narzisst gute Gründe finden und dir vielleicht sogar Lügen auftischen. Möglicherweise wird er Intrigen schmieden, um dich und deine Freunde auseinanderzubringen. Schließlich will er dich ganz für sich alleine haben. Egal, was er sagt und unternimmt – es ist dein Leben! Es sind deine Freunde! Und die muss er nicht mögen. Punkt, aus. Ebenso verhält es sich natürlich mit deinen Familienmitgliedern. Bei dir sollten alle Alarmglocken läuten, wenn dein Freund versucht, dich zu isolieren.

Der beste Umgang mit Gewalt

Gewalt darfst du niemals akzeptieren, egal ob physischer oder psychischer Natur. Hilfe geben in diesem Fall Vereine, Institutionen und Frauenhäuser, an die du dich wenden kannst. Selbstverständlich kannst du auch Schutz bei Familie und Freunden suchen.

Ziehe dich unbedingt so schnell wie möglich zurück, wenn der Narzisst aggressiv oder gewalttätig wird!

Schütze dein verletztes Ego, indem du dir immer wieder ins Bewusstsein rufst, dass dein Partner an einer narzisstischen Persönlichkeitsstörung leidet und eine Therapie benötigt. Schärfe deine Sinne und achte auf alle Details. Ist der Narzisst wirklich gewillt, sich Hilfe zu holen oder spielt er nur Theater? Will er dich nur hinhalten oder geht es ihm wirklich um eure Beziehung? Nur, wenn der Narzisst von sich aus einen Weg sucht, der aus dem Teufelskreis führt, gibt es eine reelle Chance für euch. Du musst wissen, dass das leider nicht die Regel ist.

An dieser Stelle möchte ich dir nun von meiner damaligen Beziehung erzählen. Sie verlief ganz typisch und auch mein Ex wandte die hier vorgestellten Taktiken an:

Gutgläubig und hungrig nach Zweisamkeit hatte ich mich in diese Beziehung gestürzt. Ich lernte ihn auf der Hochzeit meiner besten Freundin kennen und verliebte mich sofort in ihn. Groß, muskulös, Augen so tief wie das Meer. Wild gestikulierend unterhielt er die ganze Gesellschaft. „Was für ein Angeber", kam es mir ganz kurz in den Sinn, als ich ihn dort stehen sah und er mit hochgezogenen Mundwinkeln irgendjemanden imitierte. Dennoch war ich von ihm fasziniert. Im nächsten Augenblick erblickte er mich und brachte mich dazu, ihm mein Leben zu schenken. Es war wie ein Bann, in den ich geraten war. Ich konnte mich lange nicht befreien. Jahre später musste ich oft an diesen Augenblick denken, was für ein Omen! Ich hätte wachsamer sein müssen! Die ersten Monate verbrachten wir viel Zeit zusammen, wir waren aber nie zu zweit, sondern immer irgendwo draußen in Menschenmengen unterwegs. Wir gingen zu Veranstaltungen, sahen Filme im Autokino oder arbeiteten uns durch die Speisekarte beim Inder. Ziemlich schnell begann unsere Beziehung inniger zu werden, aber gleichzeitig auch zwiespältiger. Er behauptete so manches Mal, dass ich ihm bestimmte Begebenheiten in der Vergangenheit anders geschildert hätte als jetzt und dass ich immer öfter Dinge behaupten würde, die doch so gar nicht stimmen könnten.

Da ich noch immer sehr verliebt war, zweifelte ich zuerst an mir selbst und entschuldigte mich bei ihm. So nahm das Drama seinen Lauf. Er brachte mich sogar so weit, dass ich an meinen eigenen Sinnen zweifelte und manche meiner Freunde sich auf seine Seite stellten. Ich sei überarbeitet und unkonzentriert, hieß es. Außerdem würde ich ihn gar nicht verdienen. Ich wurde unsicher, bis ich mich gar nicht mehr traute, meine Meinung zu sagen. Zu diesem Zeitpunkt hatte ich auch schon keine eigene mehr. Mein Selbstbewusstsein war verschwunden und nach und nach wurde ich abwechselnd von Depressionen und Essattacken heimgesucht. Bei einem zufälligen Treffen mit meiner Mutter erwachte ich aus seiner Fernhypnose. „Kind, wie siehst du denn aus?“, fragte sie mich. Damit waren meine ungebügelten Blusen und die zerzauste Frisur gemeint. Mir ging es zu diesem Zeitpunkt sehr schlecht und ich war jeder Kraft beraubt. Es vergingen zwei Jahre, bis ich mich befreien konnte, denn er hatte mir alles genommen. Ich war fest davon überzeugt, ungeschickt zu sein und mit ihm den Volltreffer gelandet zu haben. Ein befreundeter Psychologe half mir damals wieder auf die Beine. Nach zwei langen Jahren konnte ich das erste Mal wieder stolz auf mich sein.

In einer Beziehung zu einem Narzissten gibt es viel zu viele Verlierer: Partner, Kinder, nicht zuletzt der Narzisst selber, der immer wieder feststeckt, auf der Stelle tritt und letztendlich einsam bleibt. Doch wir dürfen ein paar wesentliche Gedanken nicht außer Acht lassen: Die Taktiken, die ein Narzisst einsetzt, dienen letztlich dem Zweck, sich Bewunderung und Anerkennung zu verschaffen und das wiederum geschieht aus einem Mangel heraus, der als existenziell bedrohlich erlebt wird. Er ist im Kern kein böser Mensch. Die narzisstische Persönlichkeitsstörung ist eine schwerwiegende psychische Erkrankung, die nach therapeutischer Behandlung schreit. Hinter den Hieben, die er austeilt, steckt ein zerbrochenes Ego. Du hast es also mit einem kranken Menschen zu tun, wenn du unter einem Narzissten leidest.

Der Co-Narzissmus

Definition

Der Co-Narzissmus ist sozusagen das andere Ende der Wurst. Der Narzisst hält die Zügel in der Hand, an deren Ende der Co-Narzisst zappelt. Der Narzisst verlangt nach bedingungsloser Selbstaufgabe, damit seine Wünsche widerspruchslos erfüllt werden. Alles ist recht, um die Diktatur des Egomanen zu unterstützen. Der Co-Narzisst gibt und gibt und verlangt nur nach Liebe. Ganz unproblematisch sieht die Seelenlandschaft des Co-Narzissten allerdings auch nicht aus. Die Koexistenz unterliegt ebenfalls einer ungesunden Motivation, ist eine Droge für den Abhängigen und entspringt aus genau diesem Grunde einem seelischen Mangel. Denn auch der Co-Narzisst hat, ähnlich wie der Narzisst, Brüche in seiner Entwicklung erlebt, die verhindert haben, dass sich ein gesundes Selbstwertgefühl manifestieren konnte. Nur das Mitwirken eines Co-Narzissten an einer narzisstischen Beziehung ermöglicht den dramatischen Fortgang einer solchen toxischen Partnerschaft und bestimmt das beschwerliche Entkommen aus ihr.

Wir müssen hier klar unterscheiden zwischen einem Co-Narzissten und der gesunden Partnerin eines Narzissten.

Während die Partnerin schnell wieder den Narzissten verlässt, sobald sie realisiert, dass sie es mit einem solchen zu tun hat, gerät der Co-Narzisst in den Strudel einer toxischen Beziehung und lebt in ihr seine unerfüllten Triebe aus. Sie wird Teil des narzisstischen Imperiums, weil auch sie manipuliert und Kontrolle ausübt. Ähnliche frühkindliche Erziehungsstrukturen haben aufgrund unterschiedlicher Charaktereigenschaften zu verschiedenen Erscheinungsformen geführt. Auch der Co-Narzissmus bedeutet Abhängigkeit von pathologischen Beziehungsschemata. Bislang haben wir von Partner gesprochen, wenn wir Co-Narzisst meinten. In den vergangenen Abschnitten wurde die narzisstische Persönlichkeitsstörung in ihrer Komplexität und Ambivalenz behandelt, wobei der Partner stets nur Erwähnung fand, wenn es um die Anschaulichkeit eines narzisstischen Verhaltens ging. Nun ist es an der Zeit, sich mit der Psyche des Partners beziehungsweise des Co-Narzissten auseinanderzusetzen.

Der Co-Narzisst gerät leider nicht ganz zufällig in eine narzisstische Beziehung, vielmehr sind es psychische Anormalitäten, die eine Anziehung begünstigen. Auf einer Party mit hundert Gästen fühlt sich ein Co-Narzisst instinktiv zu dem einen Narzissten hingezogen, der sich dorthin verirrt hat. Gewiss, der Co-Narzissmus kann sich in einer Partnerschaft auch entwickeln. Es ist aber eher unwahrscheinlich, dass beispielsweise eine selbstbewusste Frau in eine Beziehung mit einem Narzissten gerät und darin bleibt. Jeder Mensch kann sich natürlich in jeden anderen Menschen spontan verlieben. Es müssen jedoch bestimmte psychologische Voraussetzungen, deren Basis in der Regel im Kindesalter vorbereitet wurde, erfüllt sein, um in einer ungesunden Beziehung zu verweilen.

Ein Kampf ist immer nur so gut wie seine Gegner und jeder Kämpfer bestimmt den Verlauf einer Begegnung. So erfüllt auch der Narzisst durch sein Verhalten unausgesprochene Sehnsüchte des Co-Narzissten.

Der Co-Narzissmus ist ähnlich wie der Narzissmus eine Überlebensstrategie, die taktische Maßnahme einer verletzten Seele, um sich zu retten. Co-Abhängigkeit bedeutet ebenfalls die Sucht nach Korrumpierung. Auf subtilem Wege wird das Selbst vernachlässigt, um dem anderen Selbst zum Sieg zu verhelfen. Als verdeckt depressiven Narzissmus bezeichnen die Fachleute jene Form der krankhaften Koexistenz mit einem Narzissten, indem sich der Partner gänzlich unterordnet bis hin zur Selbstaufgabe. Der Co-Narzisst zeigt in vielen Fällen selber stark narzisstische Züge, so befriedigt er seine narzisstischen Neigungen über die Identifikation mit dem Partner. Das Bemühen, dem Narzissten die Steine aus dem Weg zu räumen, lässt das eigene Ego heller leuchten. Im Freundeskreis heißt es in solchen Fällen, „er hätte das nie geschafft ohne ihre Hilfe!“. Der Co-Narzissmus definiert sich unter anderem durch die Dauer und Intensität in seinem Bestand und die Abhängigkeit von der narzisstischen Person. Hier stoßen wir auf das teuflische Element in dieser eingeschworenen Gemeinschaft. Der Co-Narzisst ist nicht ganz ehrlich, wenn es ihm nur um die Gesundung des Narzissten geht. Er befriedigt allzu oft seine Bedürfnisse durch die Masche des Narzissten. Jeder kann sich in einer Beziehung mit einem Narzissten wiederfinden. Sich allerdings in ihr einzurichten und als Co-Narzisst in ihr zu leben, das bedeutet ebenfalls Manipulation des Partners und befriedigt einmal mehr das Bedürfnis zu herrschen, wo keine Macht besteht. Der Dualismus im Beziehungsgefüge von Narzisst und Co-Narzisst ist nicht selten ein heikles Thema, wenn es um die Aufdeckung der Krankheitsmechanismen geht. Manchmal bleibt es einfach eine Wurst mit zwei Enden.

Ursachen

In gleichem Maße wie der Narzissmus wird die Entstehung des Co-Narzissmus von einer Vielzahl an Faktoren beeinflusst. Die Genetik spielt hier zwar eine untergeordnete Rolle, wird jedoch in Fachkreisen auch diskutiert. Hochsensible Menschen sind geradezu prädestiniert für den Co-Narzissmus. Hochsensibilität ist die Fähigkeit, mehr Informationen aus der Umwelt zu empfangen, als es die meisten Menschen können. Es ist wie ein drittes Auge zu besitzen, mit dem der Empfänger sämtliche Stimmungen, Gefühle und Ressentiments anderer Menschen aufnehmen kann. Hochsensible können fast nichts dafür, dass sie sich so gut in andere Menschen hineinversetzen können. Sie fühlen, was die anderen fühlen und sind den Kopfmenschen immer einen Schritt voraus. Gleichzeitig laufen sie damit aber auch Gefahr, ihre eigenen Grenzen zu missachten. Leicht geschieht es, dass sie sich so sehr von den Gefühlen eines Fremden gefangen nehmen lassen, dass sie ihre eigenen Belange vergessen. Sie werden sozusagen fast zu einem anderen Menschen. Das kann sich so weit verselbstständigen, dass sie schließlich nicht mehr genau zu unterscheiden wissen, ob eine bestimmte Emotion durch einen anderen Menschen hervorgerufen wurde oder es ihre eigene ist. Auch hier werden desolate Selbstentwürfe durch manipulatorische Verhaltensweisen kaschiert. Der Co-Narzissmus ist ein Phänomen, das eher weibliche Partner betrifft und in seiner Ausdrucksform durchaus auch depressive Anteile aufweist. Der Rückzug, nicht der Vorstoß ist seine Strategie, „Liebe verschenken" ist seine Waffe, nicht der Entzug derselben. Obwohl sich der Narzissmus und der Co-Narzissmus vielfach diametral in ihren Erscheinungsformen zeigen, sind sie doch beide als Symptome für denselben mangelhaften Beziehungsaufbau zu verstehen.

Beiden fehlt das Fundament, das die Eltern versäumt haben, ihren Kindern zu bereiten. Es reicht eben nicht, dem Kind einen Baukasten zu schenken mit der Erwartungshaltung, es werde schon ohne Anleitung alles zusammensetzen können. Schließlich wird zusammengefügt, was nicht zusammengehört. Das, was nicht passt, wird weggelegt und nicht mehr angeschaut, bis es viele Jahre später wieder auftaucht. Der Schrecken ist groß und wir vertuschen schnell unseren Fund. Abgespaltene Schmerzen können wir den Verlust nennen, Scham die Entdeckung. Der Co-Narzissmus hat allerdings im Therapiegeschehen gute Aussichten auf Heilung. Hier punktet die enorme Empathiefähigkeit und der immer wieder aufkommende Selbstzweifel, der ohne Bestätigung ins Wanken gebracht und in eine neue Richtung gelenkt werden kann. Der Therapeut steht dem Co-Narzissten zur Seite, wenn dieser beginnt, seinen eigenen Weg zu entdecken.

Ähnliche Ursachen machen dennoch verschiedene seelische Lösungsversuche möglich. Der Co-Narzisst hat im Laufe seines Lebens gelernt, dass es einen Vorteil bringt, sich anzupassen und unterzuordnen. Im Licht des Narzissten fällt auch immer ein bisschen Aufmerksamkeit auf den kooperativen Partner. Bei großer Empfindsamkeit sind die Co-Narzissten früh in ihrem Leben empfänglich für die Stimmungen und Launen anderer Menschen. Durch ihre Anpassung an das fremde Gefühl bleiben sie stets vorbereitet. Es gibt keine bösen Überraschungen. Wo Gutes gelingt, da sind die Kobolde nicht weit. Als Kind bist du deinen Eltern ausgeliefert und versuchst, ihnen ein gutes Kind zu sein. Mit der Zeit gibt es nur noch die Gefühle der anderen, die du besänftigen oder ausgleichen musst, vor denen du Angst hast und die dich manipulieren. Du bist älter geworden, und dieser einstige Rettungsweg für die Seele ist zu einer professionellen „Kümmernatur" herangewachsen, eine leichte Beute für den Narzissten. In vielen Fällen müssen die Co-Narzissten neu lernen, wer sie sind und wer sie sein können, nachdem sie einer Beziehung mit einem Narzissten entronnen sind.

Fachleute gehen davon aus, dass die Ursachen für die Erkrankung bei einem Co-Narzissten ähnlich denen sind, die dem Narzissmus zugrunde liegen, jedoch ist der Anteil an psychosomatischen Folgeerkrankungen höher. Kinder lernen, dass es nicht reicht, zu „sein“, dass es Liebe nur bei tätigem Erfolg gibt. Beides verursacht Leistungsdruck in einem Metier, das nichts mit Leistung zu tun hat. Für die Angst findet die Psyche einen Ausweg: verstecke dein missachtetes Selbst und werde jemand anders! Im Falle der narzisstischen Persönlichkeitsstörung funktioniert das gut über eine Art Selbstbeweihräucherung, bei der co-narzisstischen Störung wird das Problem gelöst, indem sich der Erkrankte Selbstwert und Bestätigung durch Stillhalten, Ja-Sagen und Teilhaben erkauft.

Bei einer Psychotherapie muss jeder individuelle Lebensweg zurückgegangen werden und nie gibt es nur die eine Ursache. Immer ist es ein Zusammenspiel mehrerer pathogener Faktoren, die im besten Fall freigelegt und anschließend in die aktuelle Lebenssituation integriert werden können. Indem sie an die Oberfläche gelangen, verlieren sie ihren Schrecken. Sie werden therapeutisch aufbereitet, indem sie als Teil der Vergangenheit identifiziert werden.

Woran du erkennst, ob du eine Co-Narzisstin bist

Im Internet, aber auch in der Presse wird eine Vielzahl an Selbsttests angeboten, die in der Mehrzahl den Eindruck vermitteln, ein Diagnoseschlüssel zu sein. Hier besteht eine außerordentlich große Gefahr. Selbsttests in jeglicher Form dürfen nicht mehr als ein oberflächlicher Anhaltspunkt für eine Erkrankung sein und sind aus diesem Grunde in Gestalt eines „Ja-Nein-oder-Punktesystems“ nicht akzeptabel.

Die Palette psychischer Erkrankungen mit ihren Begleiterscheinungen ist zu vielschichtig und für einen Laien unüberschaubar, als dass es angemessen ist, sie in Schubkästen zu stecken und damit zu beurteilen. Es ist die Arbeit von Psychologen, Psychotherapeuten und Psychiatern, Diagnosen zu stellen und sich daraus ergebene Therapien zu entwickeln. Eine falsche Diagnose kann weitreichende und schwerwiegende Folgen haben.

Aus diesem Grunde biete ich hier auch keinen ausgearbeiteten Selbsttest an, sondern ich versuche, dem Narzissmus und dem Co-Narzissmus ein Gesicht zu geben, sodass alle, die sich aufgrund der Beispiele und Erfahrungen wiederfinden, eine Vorstellung von dem bekommen, was ihnen widerfahren kann. Mit dieser Schrift wende ich mich an die Frauen, die noch mittendrin stecken und eine Perspektive brauchen, die Hoffnung haben und wissen sollen, dass es Wege gibt, die schon gegangen wurden und die erfolgreich waren.

Das eigene Bindungsverhalten gibt Aufschluss über dich und deine tieferliegenden Ängste und Sehnsüchte. Warum gerätst du immer wieder an die gleichen Männer und weshalb kannst du dich nicht von ihnen befreien? Die Auswahl eines Partners geschieht in der Regel nicht zufällig. Dahinter stecken verborgene Muster, die du in deinen frühen Jahren erlernt hast. Die Umstände, unter denen du damals „Beziehung“ eingeübt hast, haben großen Einfluss auf deine Fähigkeit, mit Menschen zu kommunizieren und mit ihnen in Verbindung zu treten. Wie haben deine Eltern ihre Beziehung vorgelebt, was hast du darüber in der Schule gelernt und in welchem Umfeld hast du selber die ersten Partner gefunden? Das sind Fragen, die wichtiger für die aktuelle Gestaltung deiner Beziehung sind als du glaubst. Das, was über Bindung gelernt wird, lässt sich endlos wiederholen, wenn es einmal funktioniert hat. Erlebst du regelmäßig Partnerschaften, die spektakulär beginnen und dann desaströs enden? Zieht dich ein bestimmter Typ immer wieder an, obwohl er dir nicht guttut, weil er nur an sich selbst interessiert ist? Vielleicht bist du eine Co-Narzisstin?

Die Diagnose könnte dich zunächst einmal überraschen, aber sie wird dir helfen, deine Beziehung zu meistern und dich selbst von der Abhängigkeit in ihr zu befreien. Auch ich habe Zeit gebraucht, um mir über meine aktuelle Situation klar zu werden. Immer wieder bin ich in meiner Beziehung rückfällig geworden, habe mich durch den narzisstischen Partner verunsichern lassen, bis ich es endlich geschafft habe, mich zu trennen. Tatsächlich habe ich verzweifelt versucht, durch die Anpassung an die Wünsche meines Partners Kontrolle zu gewinnen und ihn auf diese Weise beeinflussen zu können. Lange ist mir nicht bewusst gewesen, wie sehr ich durch mein co-narzisstisches Verhalten die Tragödie unserer Beziehung vorangetrieben habe.

Es gibt ein paar unzweifelhafte Hinweise dafür, dass es sich um Co-Narzissmus handelt:

- Du gehst jedem Streit aus dem Weg, weil du seine heftigen Reaktionen fürchtest
- Du lässt dich stark von der Meinung deines Partners beeinflussen und vertraust deinem eigenen Gefühl nicht mehr
- Du stellst deine Wünsche hintenan, erfüllst ihm aber jeden Wunsch
- Du lässt dich durch seine Aussagen über die Wirklichkeit, die deinen widersprechen, stark verunsichern
- Er zeigt dir, dass du leicht ersetzbar bist, wenn du für ihn nicht funktionierst und du nimmst es hin, entschuldigst ihn sogar
- Er akzeptiert keinerlei Kritik, wird sogar ausfallend bei Widerstand und das ängstigt dich
- Er bricht den Kontakt von einer Sekunde auf die nächste ab und ist manchmal tagelang fort. Du verzeihst ihm, wenn er wieder auftaucht

- Du fühlst dich körperlich mehr und mehr unwohl, reagierst sogar mit depressiven
  Verstimmungen

Die Mehrzahl der genannten Anzeichen ist in ihrer weichen Ausprägung durchaus normal. Jeder kennt die Verhaltensweisen, die wir zeigen, wenn wir verliebt sind. Dann sind wir nicht mehr nur rational gesteuert und verzeihen dem Partner häufig Fehler, von denen wir denken, sie passieren eben nur einmal. Eine Erkrankung liegt dann vor, wenn die Reaktionen auf ein fremdes Verhalten zu Symptomen werden. Das bedeutet beispielsweise, dass wir nicht mehr selbstbestimmt leben, sondern nur noch reagieren, dass wir vermehrt Dinge tun, die wir eigentlich nicht tun wollen und die uns in der Folge auch schaden. Vor allem aber zeigt sich der Co-Narzisst in seiner Angst, den Partner zu verlieren. Er tut alles, um das zu verhindern, er verleugnet sich selber. In letzter Instanz musst du dich fragen, ob du dich in einer Beziehung wohl fühlst. Sind es Geborgenheit und Nähe, die du gibst und bekommst? Ist der Partner für dich da, auch wenn es dir einmal schlecht geht?

Co-Narzissmus trägt viele Kleider und kommt manches Mal in natürlichem Outfit daher. Der Partner eines Narzissten fühlt sich zunächst als Partner in einer komplexen Liebesbeziehung. „Komplex“ steht in diesem Zusammenhang für einseitig und narzisstisch, aber diese Erkenntnis macht ihm so viel Angst, dass oft Jahre vergehen müssen, bis der Gedemütigte diese Tatsache annehmen kann.

Wie du dich von emotionaler Abhängigkeit befreist

Du weißt nun, die Beziehung tut dir nicht gut. Du bist sicher, dass sie keine Zukunft hat und du leidest, wenn er geht.

Und du bleibst dennoch. Rational ist das nicht zu erklären. Tief in deinem Innern sitzt der „Kloß im Hals“, der dich daran hindert, dich frei zu schwimmen.

Alt sind die Wunden, aber schnell reißen sie wieder auf, wenn an ihnen gekratzt wird. Emotionale Abhängigkeit ist allzu oft in unterschiedlichen Beziehungen trügerisch getarnt als Liebe. In meiner Beziehung war ich schnell wieder in alten Verhaltensmustern gefangen, die mich dazu brachten, immer wieder denselben Fehler zu begehen, mich vor ihm klein zu machen und ihm keinen Widerstand entgegenzubringen. Er konnte mir im Nu mein Selbstbild zerstören und dann saß ich in einer emotionalen Falle. Erst als ich begann, mein Ego auszugraben, mich auf meine Stärken zu besinnen und mir gleichzeitig einzugestehen, dass ich die Situation nicht beherrschen konnte, sondern ihr entfliehen musste, schaffte ich mir Luft, um neue Entscheidungen treffen zu können. Bis dahin war es ein mühsamer, steiniger Weg und zwischendurch sah es so aus, als würde sich alles endlos wiederholen.

Du weißt, dass du das nicht alleine bewältigst und gleichzeitig, dass es dir noch größere Angst macht, Hilfe zu suchen. Wenn er dich verlässt, wie er es dir angedroht hat, wirst du sterben, aber auch, wenn du so weiter machst wie bisher. Emotionale Abhängigkeit ergibt sich geradezu zwangsläufig aus dem Glauben an deine eigene Nichtigkeit. Du fühlst dich unfähig, etwas Sinnvolles mit deinem Leben anzufangen und gießt deine Liebe achtlos vor jedermanns Füße in der Hoffnung, gerettet zu werden. Du selbst musst dich um dich kümmern! Selbstwert, Achtung und Mitgefühl für dein eigenes Ego können dich aus der Falle der emotionalen Abhängigkeiten befreien. Schritt für

Schritt lernst du, ihm Widerstand zu bieten und dich in Gegenwart seiner narzisstischen Persönlichkeit zu behaupten. Das ist eine Begegnung mit bitteren Erinnerungen. Emotionale Abhängigkeit entspringt meistens aus einem Mangel. Du brauchst den Narzissten, weil du hoffst, dass er die Leere in deinem Innern ausfüllt, für die du selber verantwortlich bist.

Ohne ein starkes Ich gibt es keine ebenbürtige Zweisamkeit, sondern immer nur emotionale Abhängigkeit.

Du brauchst Mut, aufzustehen und den Mut bekommst du vielleicht aus der Wut. Diese Wut musst du mühsam entwickeln, denn sie ist dir vermutlich so gar nicht eigen, ist doch viel eher die Depression deine Weggefährtin. Wie eine Süchtige bist du deinem Narzissten verfallen. Gelingt es dir durch ihn einmal mehr, eine Art von gedemütigter Sicherheit zu erlangen und dich als seine Teilhaberin zu seinem verlängerten Arm der Größe zu machen, versuchst du zu bewahren, was auf den Müll gehört. Das Schlachtfeld, auf dem Abhängigkeiten besiegt werden, ist dein Kopf. Dort schärfen wir unsere Waffen gegen emotionalen Missbrauch und demütige Unterordnung, und dort gewinnen oder verlieren wir.

Die Befreiung aus emotionaler Abhängigkeit geschieht durch die Stärkung des eigenen Selbstwertes. In vielen Fällen ist diese Arbeit nicht alleine zu bewältigen, glücklicherweise stehen aber Therapeuten zur Verfügung. Das, was du alleine leisten kannst, ist, dir Freiräume zu schaffen und auf Abstand zu gehen. Dinge zu tun, die dir vertraut sind, Hobbys zu verfolgen und Freundschaften zu pflegen. Atemübungen, Yoga, Meditation und Gespräche helfen zur Stabilisierung deines Egos.

Darüber hinaus solltest du über einen Umzug nachdenken, wenn du mit einem Narzissten die Wohnung teilst. Möglicherweise gibt es ja eine gute Freundin oder die Familie, die dich eine Zeit lang aufnehmen kann.

Woran du toxische Beziehungen erkennst

Es ist nicht ganz einfach, toxische Beziehungen von Beziehungen zu unterscheiden, die dem einen oder dem anderen Partner auf Dauer nicht guttun. Hier wie auch in anderen Fällen entscheidet das Maß über die Toxizität. Es gibt Beziehungen, in denen sich beide Partner lieben und dennoch nicht zusammenleben können, dann gibt es Beziehungen, die nur unter ganz bestimmten vereinbarten Voraussetzungen auf beiden Seiten funktionieren. Es gibt auch ganz und gar verrückte Beziehungen, die wild und chaotisch anmuten und dennoch funktionieren. All diese Beziehungen sind anteilmäßig toxisch, legen wir sie unters Mikroskop; die wahren toxischen Beziehungen jedoch haben noch einmal eine besondere Qualität: Sie sind unberechenbar und ähneln einem Drahtseilakt ohne Netz. Eine toxische Beziehung zeichnet sich aus durch emotionale Wärme in einem Moment und abruptem Rückzug im nächsten. In einer solchen Beziehung ist es meist ein Partner, der die Beziehung den Berg hoch und herunter steuert, während der andere verzweifelt versucht, das Boot vor dem Kentern zu bewahren.

Einer von beiden Partnern entpuppt sich im Laufe der Beziehung als unberechenbar und sehr spitzfindig in der Art und Weise, Nähe herzustellen, Schuld zuzuweisen und Abhängigkeit zu fördern.

Toxische Beziehungen beginnen in der Regel wie das Ende eines Fünf-Gänge-Menüs: mit einem fulminanten Dessert aus Schaum-Träumen. Alles ist am richtigen Platz, die Hände des Partners, seine Worte und das eigene Begehren. Mitten in diesem Rausch schubst dich plötzlich der Geliebte unter die eiskalte Dusche. Er stellt dich bloß, er dreht dir die Worte im Mund um, er macht sich lustig über deine Schwächen und negiert deine Stärken. Kurzum, du fällst. Du glaubst ihm nicht und versuchst, die Liebe zu retten, die eben scheinbar noch da war. Toxische Beziehungen machen mindestens einen der beiden Partner mürbe und führen dazu, dass einer von beiden unweigerlich auf der Strecke bleibt. In toxischen Beziehungen ist nach einem Streit nicht wieder alles gut und die Versöhnung schmeckt bitter. Du fühlst dich nicht mehr wieder gut und du empfindest keine Zweisamkeit, wie das in nicht-toxischen Beziehungen der Fall ist. Du fragst dich, warum du dich schlecht fühlst, obwohl er doch noch da ist. Er spielt mit deinen Gefühlen und häufig derart perfekt, dass du eine Zeit lang denkst, es sei alles wieder in Ordnung. Diese Hoffnung ist trügerisch und leider schuld daran, dass toxische Beziehungen so lange halten und von außen als normal angesehen werden.

Ab wann ist eine Beziehung „giftig“?

Der Zeitpunkt und das Geschehen, die bestimmen, ob eine Beziehung krankhaft ist, sind naturgemäß unterschiedlich und hängen vom Empfinden der Beteiligten ebenso ab wie vom Verlauf der Beziehung und der psychischen Verfassung der Partner. Manch einer hält mehr Druck aus als ein anderer und fühlt sich dabei noch immer frei. Ein Partner ist möglicherweise beziehungstechnisch negativ vorbelastet oder befindet sich zum Zeitpunkt des Kennenlernens in einer schwierigen Lebensphase.

Giftig ist eine Beziehung dann, wenn ein Partner an der Beziehung leidet und der andere kein offenes Ohr dafür hat. Probleme gibt es in jeder Beziehung und nicht immer können beide Partner darüber reden, aber es muss gegeben sein, dass beide davon Kenntnis haben und sich miteinander bemühen, Abhilfe zu schaffen. Ein klassischer Fall ist die Eifersucht. Selten können Partner offen darüber reden, zumal das Problem meistens nur einen der beiden Partner betrifft. Eine Rettung für die Beziehung kann nur von beiden angestrebt werden und muss von beiden gewünscht sein. Im Gegensatz dazu bemüht sich in einer toxischen Beziehung nur einer um die Partnerschaft.

Alle gemeinsamen Aktivitäten in der Beziehung müssen einvernehmlich sein. Sind sie es nicht, ist eine Beziehung in jedem Fall toxisch.

Ein weiteres sicheres Merkmal dafür, dass du dich in einer giftigen Beziehung befindest, ist die Tatsache, dass sich das Verhalten deines Partners dir gegenüber abrupt ändert. Plötzlich kannst du nicht mehr frei heraus deine Meinung sagen, weil er dann wütend wird oder auf Abstand geht, obwohl ihr euch gerade in einer Annäherungsphase befindet. In diesem Zusammenhang ist es wichtig, dass du den Kontakt zu Freunden pflegst und auf das eigene Bauchgefühl hörst. Bemerken deine Freunde vielleicht eine Veränderung an dir, die dir nicht guttut, und hast du selber ab und zu ein komisches Gefühl, dann ist es Zeit, genauer hinzuschauen.

Verschiedene Arten toxischer Beziehungen

Es gibt so viele toxische Beziehungen wie es Menschen mit Beziehungsstörungen gibt. Eine toxische Beziehung ist keinesfalls nur die Beziehung mit einem Narzissten. Unterschiedliche pathologische Beziehungsmuster können Partnerschaften vergiften. Da sind zum einen die von einer Sucht gefärbten toxischen Beziehungen.

Sind Alkohol, Rauschmittel oder Tabletten im Spiel, gibt es immer Probleme in einer Partnerschaft, weil zu irgendeinem Zeitpunkt nur noch die Droge das Leben bestimmt und das Verhalten des Süchtigen sich allein um die Droge dreht. Es gilt wohl auch für jede Beziehung, in der einer der Partner an einer schweren psychischen Erkrankung leidet, dass der gesunde Partner sich entweder aus der Beziehung entfernen muss oder alles in seinen Kräften stehende tun sollte, damit der Partner in einer Therapie Hilfe bekommt. Eine Paartherapie wäre im Falle der narzisstischen Persönlichkeitsstörung unangebracht, da es in erster Linie um den einen psychisch Erkrankten gehen muss. Solange ein Partner in einer Beziehung krank ist, kann die Beziehung nicht funktionieren.

Kann man eine toxische Beziehung retten beziehungsweise heilen?

Die Menschheitsgeschichte erzählt davon und jedes weitere Jahrhundert hält mutige, junge und alte Menschen nicht davon ab, um ihre Liebe zu kämpfen. Dort, wo menschliche Schicksale aufeinandertreffen, ist der Ausgang immer offen.
Eine toxische Beziehung hinterlässt Spuren in den Seelen der Entkommenen. Sie, die es geschafft haben, die Beziehung zu verlassen, sind häufig schwer beschädigt, am Selbstbewusstsein, an körperlicher Unversehrtheit und an psychischer Widerstandskraft.

Die fachliche Prognose für bestimmte toxische Beziehungen ist nicht überragend gut. So gibt es berechtigte Zweifel, wenn Drogen im Spiel sind, wenn es sich bei einem der beiden Partner um eine narzisstische Persönlichkeitsstörung handelt oder um eine andere Persönlichkeitsstörung.

Ein Partner kann in der Regel nicht helfen, weder bei leichten psychischen Instabilitäten und noch weniger bei schweren psychischen Erkrankungen wie einer Depression oder einer Borderline-Symptomatik. Hier ist immer der Gang zum Therapeuten die erste und beste Wahl. Insofern vermag es nicht der Partner, die Beziehung zu retten, sondern vielmehr liegt es am Willen des psychisch erkrankten Partners, sich einer Therapie zu unterziehen.

Toxische Beziehungen, die im Gegensatz zu den Fällen, die behandelt werden müssen, eine Zeit lang alltagstauglich sind, werden trotzdem durch ein Ungleichgewicht in der Beziehung bestimmt. So ist eine Beziehung immer toxisch, wenn sie nur einer forciert und der andere sich nicht wehren kann. Wenn auch du dich in einer solchen Beziehung befindest, solltest du mit deinem Partner darüber sprechen, um euer Miteinander gemeinsam zu verbessern.

Es gibt auch Beziehungen, in denen eine spezielle sexuelle Neigung zwanghaft praktiziert werden muss, die bis dahin verheimlicht wurde. Diese Fälle gelten als äußerst therapieresistent. In allen Fällen, außer in denen, die mit einer Drogenproblematik zu kämpfen haben, ist es immer erforderlich, zunächst die psychische Erkrankung zu behandeln, und erst danach die Beziehung. Wie an anderer Stelle erwähnt, gibt es Paare, die sich zu einer Paartherapie entschließen in der Hoffnung, mehrere Fliegen mit einer Klappe zu schlagen. Leider ist das erfahrungsgemäß nicht oft der Fall. Mehrere Male habe ich den Versuch gemacht, meinen narzisstischen Partner zu einer Therapie zu bewegen. Von einer Sekunde auf die nächste ist er zum wütenden Stier geworden. Er hat mich beschimpft und ist einmal sogar auf mich losgegangen, sodass ich mich im Bad eingeschlossen habe.

Es ist unerlässlich, sich darüber im Klaren zu sein, dass die Zukunft für eine narzisstische, toxische Beziehung nicht viele Wege offenhält. Da wäre zunächst einmal die Variante, dass der Narzisst bereit ist, für die Beziehung zu kämpfen. In diesem Fall muss er sich auf eine Therapie einlassen. Ein weiterer Ausgang wäre die Trennung, da der Narzisst nichts verändern will und sie sich retten muss.

Eine dritte Möglichkeit wäre die vorübergehende einvernehmliche Trennung, bis Anzeichen einer Veränderung erkennbar werden. Wichtig in diesem Zusammenhang ist Ehrlichkeit. Lass dich von dem Narzissten nicht hinhalten oder täuschen. Seine Absichten müssen zügig in die Tat umgesetzt werden. Außerdem muss er es von selbst wollen und einsehen, dass er sich zu verändern hat, wenn er eine glückliche gleichberechtigte Partnerschaft führen möchte.

Um eine toxische Beziehung zu retten, muss jeder Partner Rettung erhoffen und erfahren. Beide müssen heraus aus der Beziehung, um dann gesund wieder hineingehen zu können. Ein Unternehmen, das im Falle der narzisstischen Persönlichkeitsstörung selten glückt.

Du kannst an seinen Reaktionen, die er zeigt, wenn es dir einmal um dich geht, erkennen, ob er es ernst meint mit der Beziehung und was er dafür bereit ist zu opfern. Sag ihm, wie es dir geht und wohin du möchtest. Zeigt er daraufhin starken Ärger und wird aggressiv, musst du wahrscheinlich den Weg der Befreiung selber gehen. Auch hast du sein Verhalten immer wieder entschuldigt und warst noch nicht bereit, dich von ihm zu lösen. Es ist leider in den meisten Fällen einer narzisstischen Beziehung so, dass der Leidensdruck des gesunden Partners erst sehr groß sein muss, damit dieser aufwacht.

Möglicherweise unterliegst du in dieser Partnerschaft einem Suchtverhalten, das dich bindet und dir deine Kraft raubt. Das ist vor allem bei Co-Narzissten der Fall. Wie bei jeder Sucht geschieht auch hier die Heilung über neue Denkmuster. Du wirst gewahr, wie sehr er dich ausgenutzt hat und wie er dich behandelt, wo du vorher alles entschuldigt hast. Vor jeder Befreiung liegt die Erkenntnis, dass du dich gegen den Narzissten behaupten musst. Manchmal funktioniert es, die Beziehung zu heilen, manchmal musst du dich trennen. Solange du jedoch nicht zulässt, dich zu entfalten und deine Persönlichkeit zu entwickeln, bist du wahrscheinlich noch nicht bereit für einen Schritt in dein eigenes Leben.

Beantworte folgende Fragen für dich, um dir langsam darüber klarer zu werden, was du wirklich willst.

Ist dein Partner bereit sich zu ändern?

Inwiefern bist du bereit, dich zu ändern?

Nimmt dein Partner Rücksicht auf deine Bedürfnisse und Wünsche?

Zeigt dein Partner Verständnis und gewährt dir Freiraum, sogar wenn du ihm erzählst, dass du über ein Beziehungsaus nachdenkst?

Ist dein Partner bereit, sich einer Therapie zu unterziehen?

Kommt eine Paartherapie für euch in Frage?

Kommt eine Beziehungspause für euch in Frage?

Willst du die Beziehung retten oder willst du die Trennung?

Folgen toxischer Beziehungen

Die Folgen einer toxischen Beziehung können für den Betroffenen vielfältig sein und betreffen meistens sowohl die Psyche als auch die Physis.

Psychische Auswirkungen sind unübersehbar. Sie reichen von Antriebsstörungen, depressiven Verstimmungen und Traumata über Burnout-Symptome, Angststörungen bis hin zu suizidaler Gefährdung. Physiologische Folgen sind von den psychologischen nicht zu trennen und zeigen sich vielfach als Magen-Darm-Verstimmungen, Ess- und Schlafstörungen, Migräne, Neurodermitis und in Anfälligkeiten für sämtliche Infektionskrankheiten.

Seele und Körper reagieren immer auf eine unerträglich andauernde Situation, manchmal als psychische, ein andermal als augenscheinlich körperliche Erkrankung, in der Regel aber als psychosomatische Erkrankung, bei der das gesamte System Mensch mit Seele, Geist und Körper betroffen ist.

Teil 2: PRAXIS – Wie du deinen Partner als Narzissten entlarvst und dich von ihm befreist

Selbstreflexion und Analyse

Du bist mitten in einer zutiefst zerstörerischen Beziehung und weißt, dass du dich befreien musst. Du musst zu dir zurückkehren, wieder an Selbstsicherheit gewinnen, schließlich hast du beinahe alles verloren, was dich ausmacht. Dein einzig verbliebener Freund erkennt dich kaum wieder. Aber wer bist du? Wer warst du vor der Beziehung? Wie konntest du dich so unterdrücken lassen? Du beginnst, deine Situation zu analysieren und deine Schwächen und Fehler aufzuarbeiten. Du schaust hinter deine Fassade und wirst feststellen, dass immer zwei dazu gehören, wenn eine toxische Beziehung andauert.

Die Selbstreflexion dient in erster Linie dazu, sich selbst in Frage zu stellen und dadurch Antworten auf ein Verhalten zu bekommen, von dem wir niemals vorher geglaubt hätten, dass wir es an den Tag legen würden. Selbstreflexion tut immer ein bisschen weh, weil sie am Ego kratzt. Verwundet, wie du als Partner in einer toxischen Beziehung bist, fällt diese Arbeit an sich selbst noch schwerer. Sie ist manchmal sogar gefährlich, weil du durch diese Innenschau Dinge von dir erfährst, die dein bisheriges Leben in Frage stellen können.

Befindest du dich schon eine Weile in einer toxischen Beziehung mit einem Narzissten, ist es am Anfang ratsam, für deine Selbstreflexion Hilfe zu holen.

Selbstreflexion setzt Distanz zum eigenen Verhalten voraus und genau das ist in der Regel der Grund, warum du dich nicht von einem Narzissten trennen kannst. Du bist zu tief in seiner Welt und gleichzeitig unsicher in deinen Entscheidungen. Wo fängst du an und wo hörst du auf? Du hast deine Grenzen für ihn aufgegeben und nun sollst du sie wiederfinden und verteidigen.

Selbstreflexion ist kein einmaliger Vorgang. Es ist nichts, was du einüben kannst, so wie beispielsweise eine Sportübung. Selbstreflexion beginnt mit einer veränderten Lebenseinstellung, was bedeutet, dass du bei all deinen Handlungen, die du im Alltag vollführst, eine kritische Meinung zu deinem Verhalten entwickelst. Selbstreflexion ist ein vielschichtiger Prozess der Selbstwerdung und zeugt von innerer Kompetenz. Sie ist sozusagen eine Lebenseinstellung. Bist du zum Beispiel beim Kaufmann einer unfreundlichen Kassiererin begegnet, die dich über die Maße geärgert hat, so würde sich deine Selbstreflexion auf dein Gefühl des Ärgers konzentrieren. Warum hat sie dich so stark berührt? Liegt dem Ärger vielleicht ein anderes Gefühl zugrunde? Gab es ähnliche Situationen in deinem Leben, wo du anders gefühlt hast? Und so weiter. Ziel jeder Selbstreflexion ist die Verbesserung der eigenen Lebensqualität und damit der aller anderen.

Zunächst brauchst du jemanden, der dir hilft, Distanz zu gewinnen. Vielleicht kannst du bei einer Freundin oder bei den Eltern bleiben, bis du deine Grundstabilität wieder aufgebaut hast, bis du die Erde wieder unter deinen Füßen spürst und bis du ein „Nein“ ebenso wie ein „Ja“ wieder akzeptieren kannst, ohne in eine schwere Depression zu fallen. Die Selbstreflexion ist eine äußerst hilfreiche Technik für die Zukunft, damit dich nie wieder ein pathologischer Narzisst verführen kann. Gehst du ein Stück zurück in die Vergangenheit und betrachtest deine Beziehungen unter dem Aspekt deiner eigenen Beziehungsfähigkeit, wird der Verlauf jeder einzelnen transparent. Alle Beziehungen geschehen nicht zufällig, immer haben die Menschen, auf die du dich einlässt, viel mit deiner eigenen persönlichen Entwicklung zu tun.

Bist du ein Kind aus einem wohlgeordneten, behüteten Elternhaus, hast du in der Regel eine andere Art der Kommunikation gelernt als ein Mensch aus einem Armenviertel in Buenos Aires ohne Eltern. Auch wenn wir uns nicht ganz so weit fortbewegen, müssen wir konstatieren, dass die Umwelt einen starken Einfluss darauf hat, wie ein Mensch mit anderen Menschen Beziehungen knüpft. Du wirst in deiner Rückschau und Selbstreflexion feststellen, dass lange nicht alles so gewesen ist wie es scheint. Manchmal scheint es sogar gänzlich anders als es ist. Waren deine ersten eigenen Beziehungen positive Erlebnisse oder ist etwas schiefgelaufen, sodass du vielleicht sogar Bindungsangst entwickelt oder spezielle Vorlieben hast, die eine Partnerwahl schwierig machen?

Ist es ein wiederholtes Scheitern einer Beziehung, das dich verunsichert? Sind es Vorurteile gegenüber einem bestimmten Menschenschlag oder läufst du gerne davon, wenn eine Beziehung zu eng wird? All diese Fragen haben mit deinen eigenen seelischen Konflikten zu tun, die sich zu einem großen Teil in deinem Unbewussten verbergen und nur bei bestimmten Anlässen hervortreten, um dich in große Verwirrung zu stürzen. Du hast keine Erklärung für dein Verhalten, wenn dein Partner dich zur Rede stellt. Alle diese Rätsel sind Themen der Selbstreflexion, die du ernsthaft betreiben musst. Oft ist erfolgreiche Selbstreflexion ein Prozess. Gibt es ein Verhalten, das du immer aufs Neue in jeder deiner Beziehungen zeigst, unabhängig vom Partner, das dich stört und beschämt, dann deutet das meistens auf eine tieferliegende Wunde hin, die es offenzulegen gilt, um sie zu verbinden. Da deine Psyche sich schon vor Jahren ein zuverlässiges Pflaster, nämlich besagtes Verhalten, besorgt hat, kann ein Therapeut dir hilfreich zur Seite stehen. Er kratzt an deiner Schale, entfernt das Pflaster und führt dich vorsichtig auf einen Weg, den du selber mit ihm entdeckst.

Selbstreflexion ist ein bisschen wie auf der Couch liegen und von oben deine Psyche beleuchten. Du bist dabei dein Therapeut, Zuhörer, Mutmacher und Analytiker in einem.

Analysiere die Situation, in der du dich befindest, damit du herausfindest, wie es in deinem Inneren aussieht:

Wer bin ich?

Wo stehe ich?

Welche Muster lebe ich in der Beziehung?

Welches Muster lebt mein Partner in der Beziehung?

Wie läuft die Kommunikation in unserer Beziehung ab?

Wer gibt oft nach und stellt sich in der Beziehung hinten an mit seinen Bedürfnissen?

Wie war ich, bevor ich in diese Beziehung geraten bin und wie sah mein Alltag, mein Leben aus?

Wie war meine Gefühlswelt vor der Beziehung, welche Emotionen und Gefühle beziehungsweise Gedanken hatte ich damals?

Stell dir folgende Fragen, wenn du feststellst, dass du besonders heftig auf sein Verhalten reagiert hast:

Warum habe ich in dieser Weise reagiert und warum so heftig?

Wie kommt es, dass ich mich danach so schlecht fühle?

Was empfinde ich, wenn er mir meine Worte im Munde umdreht und mich vor Freunden bloßstellt?

Was ist es, das mich daran hindert, mich zu wehren?

Welche Gefühle habe ich, wenn er mir Nähe anbietet?

Ein weiterer wichtiger Fragenkomplex ist der nach dem „Was wäre, wenn?“.

Was wäre, wenn er sich trennen würde?

Wie wäre es, wenn ich mich trennen würde?

Was würde ich am meisten an ihm vermissen?

Wo kommt meine Hilflosigkeit her und wie bin ich vor der Beziehung damit umgegangen?

Schließlich kommst du nicht umhin, dir die ultimative Frage nach dem Sinn eurer Beziehung zu stellen.

Bist du glücklich?

Wenn du es nicht bist: Warum verweilst du dennoch in dieser Beziehung?

Führe ich eine toxische Beziehung?

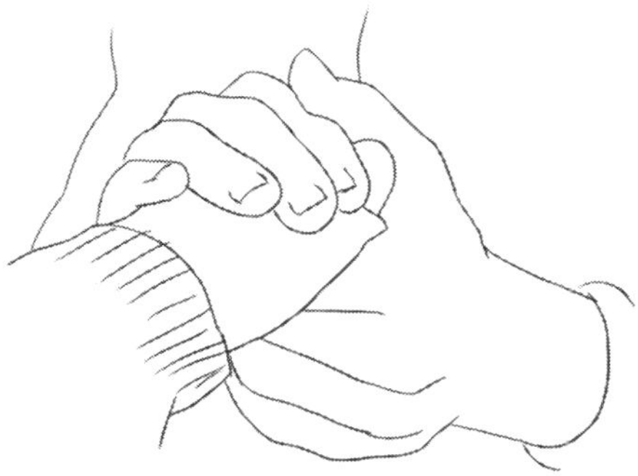

Wir haben an anderer Stelle die Anzeichen und Risiken für eine toxische Beziehung besprochen. Deshalb soll an dieser Stelle lediglich das Für und Wider der Selbsttests Erwähnung finden. Ich habe mich schon einer Kritik dieser Tests gewidmet, möchte deshalb hier nur kurz auf die Selbsttests eingehen, die im Rahmen einer Beziehung angeraten werden.

Eine Vielzahl an Selbsttests, die im Zusammenhang mit toxischen Beziehungen empfohlen werden, sind im Internet verfügbar. Sie sollen darüber Auskunft geben, ob du gefährdet bist, eine toxische Beziehung zu führen. Diese Tests bewerten, welche deiner Persönlichkeitsanteile besonders anfällig für narzisstische Ausnutzung sind. Beispielsweise können ein fürsorglicher Charakter und die Freude am Geben Narzissten anlocken, die dich in eine Beziehungsfalle laufen lassen.

Das Problem all dieser Tests ist, dass du durch sie zwar erfährst, dass du auf einen bestimmten Typ Partner reingefallen bist, sie können dir jedoch nicht bei einer sinnvollen Therapie helfen und sind auch wenig dienlich bei der Suche nach den Ursachen. Bist du in einer toxischen Beziehung gefangen, brauchst du nicht nur erkenntnistheoretische Hilfe, sondern auch praktische.

Du musst dich dem Einfluss des Narzissten entziehen und das gelingt am wenigsten am Schauplatz der Tragödie. Du weißt selbst, dass es dir schlecht geht und du unter seinem Verhalten leidest. Dennoch bringt er dich immer wieder dazu, nachzugeben und dich zu ducken. In der aktuellen Situation gibt es wenig Möglichkeiten, deine Stärken zu entwickeln. Du musst den Ort verlassen und einen neuen Menschen treffen. Der neue Mensch kann auch ein Freund sein, der dich vermehrt dazu animiert, deine Hobbys wieder aufzunehmen, deinem Körper etwas Wellness zu gönnen und dich mit jemandem zu umgeben, der dich schätzt und der dir das auch sagt. Die Gründe, die dich dazu bringen, bei dem Narzissten zu bleiben, verweisen zwar auf eine fundamentale Beziehungsschwäche, doch sind sie gleichzeitig individuell unterschiedlich und nicht für alle Partner in einer toxischen Beziehung anwendbar. Der Schmerz und die Trauer sind sehr persönlich und müssen sehr persönlich verarbeitet werden.

Schließlich enthält diese Betrachtung noch einen weiteren Wermutstropfen, der zur Sprache kommen soll: Wenn der Partner seine Beziehung als toxische entlarvt hat, könnte der Co-Narzisst auch gute Gründe für ihren Fortbestand haben. Einige wenige sollen hier noch einmal erwähnt werden:

- Liebe schenken könnte auch heißen, Schuldgefühle zu erzeugen
- Alles zu ertragen könnte bedeuten, den Lichtkegel auf das eigene Ego zu richten
- Sich klein machen könnte ein Ablenkungsmanöver für die eigene Unzulänglichkeit sein
- Seinen Größenwahn zu unterstützen könnte erkennen lassen, sich mit ihm zu sonnen und bei Regen
- keine Verantwortung übernehmen zu müssen

So gelingt dir die Trennung

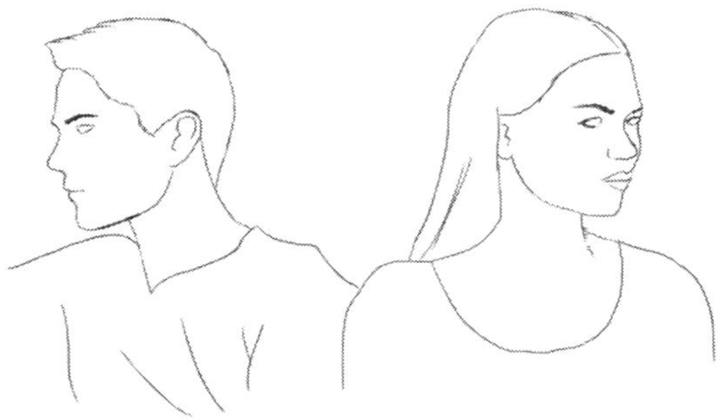

Früher oder später lässt der Narzisst seine Maske fallen und zeigt dir sein wahres Gesicht. Auch wenn du die ersten Anzeichen nicht wahrhaben willst, fühlst du dich schon lange nicht mehr wohl in dieser Zweisamkeit. So wie du in diese Beziehung hineingeraten bist, kannst du ihr auch wieder entkommen. Befindet ihr euch noch in der Anfangsphase, dann ist die Trennung am leichtesten. Später wird sie mehr und mehr zur Tortur, weil du dich als sein Partner mit ihm und für ihn verändert hast. Du bist nicht mehr dieselbe und das macht es schwierig. Dein Ego ist angeschlagen. Dennoch gibt es Wege, die du beschreiten kannst.

Er wird sich nicht überzeugen lassen von deinem Lebensstil. Er ist erfolgreich so, wie er ist. Du musst eine Entscheidung treffen und dafür ist es hilfreich, sich innerlich von ihm zu distanzieren. Du musst dir sehr klar vor Augen führen, dass er nicht recht hat. Er hat nicht recht mit seinem Machtanspruch und mit seinen Behauptungen, dass du ersetzbar bist. Er hat nicht recht, wenn er meint, dass du dir seine Liebe verdienen musst.

Er hat nicht recht, wenn er dir sagt, dass du froh sein kannst, dass er bei dir bleibt und er hat nicht recht, wenn er sich für den Mittelpunkt des Universums hält. Du gehst einfach und du hast recht, wenn du behauptest, dass jetzt seine Welt in Scherben liegt.

Dass es in der Regel mit dem „Einfach gehen" nicht getan ist, um sich endgültig von einem Narzissten zu trennen, bestätigt die raue Wirklichkeit. Bis es dir gelingt zu gehen, bist du einmal durch die Hölle gegangen. Nach der Trennung liegt noch ein langer, beschwerlicher Weg vor dir. Nun ist es an der Zeit, den ganzen Scherbenhaufen wieder zusammenzusetzen, und das, was von dir noch übrig ist, zu pflegen und wieder aufzubauen. Dein Leben ist aus den Fugen geraten, jetzt geht es an die Restaurierung mit all den Erfahrungen, die du in der Beziehung mit einem Narzissten gemacht hast. Es wird eine Entdeckungsreise. Du stößt auf längst vergessene Vorlieben und wirst Zeit mit dir verbringen, vielleicht auch neue Freunde finden, aber in jedem Fall wirst du deine Wunden heilen lassen.

Bevor wir uns mit dem Prozess der Trennung beschäftigen, gehen wir noch einmal zurück zum Ort des Geschehens. Wir rekonstruieren und lassen den Schrecken noch ein letztes Mal durch den Raum geistern, um gleichzeitig Mut zu machen, dass Erkenntnis und Selbstreflexion eine Trennung einleiten und die Emanzipation des gesunden Partners vorantreiben können.

Es ist ein Tag wie jeder andere auch. Du sitzt alleine in der Küche und bist dir deiner Sache ziemlich sicher. Er betritt den Raum und im Nu ändert sich dein Gefühl. Du zögerst und überlegst. Er wirft dir dein Verhalten vor, an das du dich in der Art und Weise gar nicht erinnern kannst. Er schaut durch dich hindurch, während der Ton rau und herabwürdigend wird. Du hast ihn verletzt und nicht ernst genommen, das wird er dir nie verzeihen.

Die Szene mit deinem Partner am Esstisch eskaliert wie so oft, wenn er laut wird und aggressiv. Dann ereignet sich etwas, das du in der Art und Weise das erste Mal erlebst: Ein klitzekleines Ziehen in der

Magengrube lenkt deine Aufmerksamkeit für einen Augenblick auf dich. Zunächst nimmst du den Schmerz kaum wahr.

Dein Partner hat dich verletzt und es scheint, als habe er es absichtlich getan. Dein geliebter Mann ist ein Narzisst! Nie hast du es so deutlich wahrgenommen. All die vielen Quälereien bekommen nun plötzlich einen verborgenen Sinn. Er redet auf dich ein, während dir heiße Tränen die Wangen herunterlaufen. Du weinst um dich, das erste Mal seit Jahren und er denkt noch immer, du tust alles um die Beziehung zu retten.

Er steht mannshoch vor dir. Du bist kurz davor, wieder alles für ihn zu tun. Der Narzisst behandelt dich, als wärst du ein unmündiges Kind, ein abhängiges verwirrtes Weib, eine Frau, die froh sein kann, wenn sie einen tollen Mann wie ihn abbekommt. Du hast in den letzten Wochen viel über Narzissmus gehört und gelesen. Jede Menge Hinweise deuten darauf hin, dass dein Partner ein pathologischer Narzisst ist. Du weißt, dass du ihm nicht helfen kannst, aber du selber bist durch dein Wissen einen Schritt aus dem Teufelskreis herausgetreten und das hat dir ermöglicht, sein Verhalten mit ein wenig Abstand zu beurteilen. Durch die Informationen, die dir ganz neu sind und die dir ein Bild von ihm zeigen, das du bis jetzt so noch nie gesehen hast, kannst du besser verstehen, warum er so ist wie er ist und warum er sich so verhält wie er es tut. Du bist als Partnerin eines Narzissten nicht alleine, das weißt du nun auch. Diese Erkenntnis hat dich aus deiner Anonymität herausgeholt. Es ist nicht so, dass dadurch alles gut ist, aber die Isolation, die du als Partner eines Narzissten erlebst, hat ihre Brisanz verloren. Du bist eine von vielen und so wie für die vielen anderen gibt es auch für dich einen Weg in die Freiheit.

In den nächsten Tagen beginnt der mühsame Prozess deiner Emanzipation. Du hast angefangen, ihn zu beobachten und sein Verhalten im Lichte der narzisstischen Persönlichkeitsstörung zu analysieren. Was für eine Befreiung für dein angeschlagenes Selbstbewusstsein! Auf diese Weise wird evident, was er mit dir getan hat und noch immer tut. Mehr und mehr kannst du erkennen, was seine Anschuldigungen und Wortgefechte mit dir gemacht haben.

So gelingt dir Schritt für Schritt die Selbstfindung und die Trennung deiner Gefühle von denen, die er für deine hält.

Der erste Schritt im Trennungsprozess muss die Anerkennung seines Krankheitszustandes, des Narzissmus sein.

Der zweite wird ohne Zweifel deine Selbstwahrnehmung betreffen. Du siehst ihn und dich, und ihr beide seid nicht mehr ein und dasselbe Geschöpf, wie es dir vorher schien. Denn er hat dich kontrolliert und manipuliert. Hast du etwas gut gemacht, so war es sein Werk.

Der dritte Schritt kann die Erarbeitung einer inneren Distanz sein. Hilfreich sind in diesem Zusammenhang Atemtechniken und bestimmte Praktiken aus dem Zen-Buddhismus, weil du dadurch lernst, dich auf deinen Atem zu konzentrieren und dich seinem Einfluss zu entziehen. Vielleicht entdeckst du einen Zeitvertreib, der dir Freude macht und wo du neue Kontakte knüpfen kannst. Die Stärkung deines Egos ist die Voraussetzung für eine Trennung. Bist du noch sehr gefangen in alten Denkmustern, könnte dir vielleicht auch die Natur und die körperliche Betätigung in ihr helfen. In der Natur gelangen der Körper und der Geist in einen anderen Zustand. Es ist wie das Schwimmen auf einer Welle, die nie bricht. In der Natur atmet es sich anders und du kannst dich von den Gerüchen und Geräuschen um dich herum inspirieren lassen. Auf diese Weise geht der Körper eigene Wege der Rekonvaleszenz. Unter diesem Begriff versteht man die Heilung. Dein Körper heilt also alte Wunden und zeigt an, was er noch für den Prozess der Wiederherstellung braucht. Er erinnert dich daran, was dir noch fehlt, indem du bestimmte körperliche Bedürfnisse spürst. Ein Zustand, der nie unbemerkt bleibt. Läufst du durch das nahegelegene Kiefernwäldchen oder besuchst deinen Sportverein, überlässt du anschließend deinen Körper der wohligen Erschöpfung, die dich dann empfängt und du merkst, wie sehr dein Geist sich in dieser Zeit erholen konnte. All das sind therapeutische Selbsthilfe-Wirksamkeiten. Nicht umsonst wird eine Vielzahl von Therapien rund um die Natur angeboten und auch erfolgreich bei sämtlichen Krankheiten angewendet.

Der vierte Schritt könnte eine aktive Phase einleiten. Du probst den Aufstand: Du bietest ihm die Stirn, indem du widersprichst und mit der Trennung drohst. Du sagst ihm, dass er dich nicht mehr einschüchtern kann, denn du weißt nun, was du kannst und wer du bist. Er wird deinen Widerstand wahrscheinlich nicht hinnehmen. Du hast jedoch im Vorfeld alle Eventualitäten im Geiste durchgespielt. Du bist vorbereitet, sodass du nicht alleine bleibst, wenn du nicht alleine sein möchtest. Die Ankündigung der Trennung könnte auch als Testphase verstanden werden. Du machst dir einen Eindruck von dem, was kommen wird. Manchmal gelingt es, durch eine Generalprobe ein wenig Normalität in die Situation zu bringen.

Der fünfte Schritt ist die vollzogene Trennung. Je nachdem, wie deine Beziehung gelebt wurde, gibt es viele mögliche Lösungswege für eine Trennung.

Ihr Gelingen hängt von beiden Partnern ab, auch wenn sie meistens nur von einem forciert wird.

Du kannst in Gedanken durchspielen, was im schlimmsten Fall passieren könnte. Du solltest dieses Szenario allerdings nicht zu lange praktizieren, da es dir den Mut für die eigentliche Trennung rauben könnte. Es ist natürlich immer sinnvoll und auch in diesem Fall angebracht, einen Plan B zu haben, denn die Praxis ist nur so gut wie die Theorie, die dahintersteckt. Du musst sicher wissen, wohin du nach der Trennung gehen kannst, wen du um Rat fragen kannst und wer dir in dieser schweren Zeit helfen kann.

Der Narzisst könnte sich dir in aggressiver Art und Weise in den Weg stellen. Du bist dir jedoch zu diesem Zeitpunkt schon sicher, dass du die Trennung möchtest. Dann solltest du ihm auch zeigen, dass es dir ernst damit ist. Es könnte auch passieren, dass er dir den Zeitpunkt der Trennung vorgibt. Er könnte dich verlassen. In jedem Fall ist es wünschenswert, dass es eine gütliche Trennung wird. Groll und

Bitterkeit oder gar Rachegelüste sind nicht die besten Voraussetzungen für einen Neubeginn.

Eine weitere mögliche Unvorhersehbarkeit wäre die, dass du selber nicht mehr sicher bist, ob du die Trennung zu diesem Zeitpunkt möchtest und dich in Wahrheit nach einer zweiten Chance für eure Beziehung sehnst. In diesem Fall läufst du Gefahr, dass er das vereitelte Vorhaben gegen dich verwenden und sich vielleicht über dich lustig machen wird. Hier sei angeraten, sich ernsthaft über die eigene Motivation Klarheit zu verschaffen. Bist du aus irgendeinem Grunde noch nicht bereit für eine Trennung, hol dir Hilfe. Dein Verhalten deutet darauf hin, dass es Emotionalitäten sind, die dich zurückhalten. Das bedeutet, dass du den Umständen zu viel Gewicht zuschreibst. Auch wenn du unter Druck gerätst, der logistischer oder finanzieller Art sein könnte, ist es für dich wichtig, dir den Schritt der Trennung zuzugestehen. Er ist dein erster Schritt und zeugt von wachsendem Selbstvertrauen und Verantwortung.

Der dritte Lösungsweg zeigt den Narzissten als den Therapiewilligen, aber du glaubst ihm nicht oder du möchtest dich trotzdem trennen. Dieser Fall ist der bei weitem komplizierteste, zumal du keine Sicherheit im Hinblick auf seine ehrlichen Absichten hättest, wenn du dich überreden ließest. Es ist ein bisschen wie beim Roulette, wer gewinnt, wird erst ermittelt, nachdem die Kugel ins Rollen gekommen ist. Vielleicht hilft es dir in diesem Fall, seine Absichten zu hinterfragen, indem du ihn tatsächlich fragst. Was hat bei ihm zu dieser Verhaltensänderung geführt, welche Motivation steckt dahinter? Es kann durchaus sein, dass seine Idee der Veränderung aus einer spontanen Laune heraus entstanden und morgen schon Vergangenheit ist. Schließlich hast du dich dazu entschlossen, ihn zu verlassen und nichts spricht dagegen, nach erfolgreicher Therapie einen erneuten Beziehungsversuch zu starten. Jedoch ist nun er in der Pflicht, Verhaltensänderungen dir gegenüber transparent zu machen und sich glaubwürdig deinen Forderungen zu stellen. Meistens haben sich allerdings die quälenden Erfahrungen des gesunden Partners so tief in dessen Seele gefressen, dass es zu keinem zweiten Versuch kommt. Hier ist die Dauer der Partnerschaft ein entscheidender Faktor.

Die Beziehung mit einem pathologischen Narzissten kann lange unentdeckt bleiben. Der Narzisst offenbart sich selten als solcher und seine Erkrankung wird zu oft von scheinbar gesunden Charaktereigenschaften wie beruflichem Ehrgeiz oder planvollem Handeln überdeckt, als dass eine Trennung auch von der Umwelt zu jedem Zeitpunkt akzeptiert wird. Nicht selten bekommt der Trennungswillige zu hören, dass er übertrieben handele oder überempfindlich sei. Jeder Partner einer narzisstischen Beziehung weiß aber, dass ihn die Hölle hinter den vier Wänden erwartet. Diese Hölle ist nicht selten heimlich und lautlos und raubt dem Partner den Willen. Es ist wie eine Verurteilung, obwohl du unschuldig bist. Es bringt dich um den Verstand, weil du ihm nichts beweisen kannst, im Gegenteil, in der Öffentlichkeit bist immer du die Böse.

So verarbeitest du die toxische Beziehung

Nach dem Ende einer toxischen Beziehung heißt es in vielfacher Hinsicht: nur ein Neubeginn ist ein guter Anfang!

Du liegst mehr oder weniger stark in Trümmern. Du hast dich besonders in der Endphase der Beziehung intensiv mit der Rolle einer Widerstandskämpferin identifiziert und du hast dich unter anderem dadurch definiert, dass du gegen ihn warst. Du hast überlebt, weil du herausgefordert warst. Unterschätze die Bedeutung dieser Beziehungsarbeit nicht und auch nicht die Kraft, die du dabei freigesetzt hast. Auch gegen jemanden zu sein ist ein „Sein". Nicht umsonst überleben Gefangene überall auf der Welt allein durch ihren Hass auf ihre Widersacher, was natürlich hier nicht verharmlost werden soll. Hass ist immer besonders schädlich für den, der dieses Gefühl kultiviert. Nun bist du alleine und deinem Alltag fehlt es an Auseinandersetzung, an Positionierung. Der Gegendruck fällt weg und das ist nicht nur gut. Es kann übergangsweise sogar dazu führen, dass du noch weniger deine Grenzen erfasst. Bis jetzt hatte er dir deine Grenzen aufgezeigt.

Du hast lange Zeit an deine Beziehung geglaubt und auch als sich das Blatt wendete, warst du so, weil er anders war.

Jeder Partner muss schließlich seinen eigenen Weg zurück ins Leben finden und dennoch gibt es ein paar wichtige Dinge, die in Anbetracht einer gesunden Zukunft erledigt werden können. Sie erleichtern einen Neustart.

„Aufarbeitung" heißt das Zauberwort. Es gilt zu verhindern, in Zukunft noch einmal in die Fänge eines Narzissten zu geraten, und aus diesem Grunde wird eine schonungslose Selbstreflexion unternommen, wie wir sie in einem der früheren Kapitel besprochen haben. Diese Innenschau hilft dir zu verstehen. Durch sie kannst du verstehen, was dich so gereizt hat an ihm und warum. Verstehen, warum es so schwer für dich war, seinem Einfluss zu entrinnen und wo deine Schwächen dir schaden. Was hast du vernachlässigt, so dass ein anderer Mensch diese beschädigten Schnittstellen zu seinen Gunsten reparieren und sie anschließend als seine ausgeben konnte? Wenn du keine psychologische Hilfe in Anspruch nehmen kannst oder möchtest, ist es vielleicht hilfreich, Erinnerungen und Gefühle in einem Tagebuch niederzuschreiben. Jede Form von gestaltender Kunst hilft, den Heilungsprozess voranzutreiben, genauso wie auch Gespräche mit Freunden. In jedem Fall muss das Geschehene mit all seinen Facetten ans Tageslicht gebracht werden. Du wirst es nur los, wenn du es fassen kannst und es Gestalt annimmt. Die Psychotherapie ist eine Möglichkeit, tief liegende Ressourcen anzuzapfen und traumatischen Kindheitserinnerungen ihren Schrecken zu nehmen. Gehst du den Weg alleine, kann es passieren, dass du auf einer Lichtung verweilst und nicht mehr weiterläufst, einfach nur, weil es hier nicht weh tut. Es ist wie mit dem Ertrinken, dein körpereigenes Überlebensprogramm wird dich immer wieder zum Luftholen zwingen, auch wenn du eigentlich untergehen möchtest. In der Therapie wirst du sanft von fremden Händen an den Rand der Schlangengrube geführt, um dort im Anblick des Schreckens über den Alptraum hinauszuwachsen. Gewiss kannst du auch die Zeit heilen lassen. Sie heilt, aber sie vertreibt die Dämonen nicht. Da sind Eltern, die dich vielleicht nur geliebt haben, wenn du ein braves Mädchen warst.

Eltern, die unberechenbar waren, weil sie Nähe und Distanz beliebig als Waffe gegen dich benutzten. Eltern, die dir vorgelebt haben, wie zerbrechlich Beziehungen sind und dass es nichts gibt, was du tun kannst, um irgendetwas in der Welt zu bewirken. Das sind Eltern, die dich in diesem Zustand niemals hätten in die Welt entlassen dürfen, denn ohne Fundament wird ein Haus beim leisesten Windhauch zerbersten. Der Narzisst ist ein Sturm und du bist die Feder, die an der Hauswand klebt.

Es geht bei der Aufarbeitung nicht, wie schon erwähnt, um eine Schuldzuweisung, sondern vielmehr um ein verstehendes Verzeihen.

Es gibt unzählige Fachartikel und Berichte über narzisstische Beziehungen. Dort kannst du lesen, dass es ein immer wiederkehrendes Fiasko sein kann, einen Narzissten zu lieben. Und... liebst du ihn trotzdem? Muss es letztlich nicht darum gehen, nicht nicht mehr zu lieben, sondern sich bewusst zu werden, dass es ein bestimmter Typ ist, den du liebst und dass es bestimmte Gründe dafür gibt, dass das so ist?

Ohne ein Mitgefühl für das eigene Ego gibt es wohl keine Liebe, und Liebe ist in ihrer Abwesenheit auch noch Liebe. So ersetzt Liebe wohl auch die Reparaturarbeiten an der eigenen „Maschine“ Mensch nicht. Bewusstheit ist ein Schlüssel dafür. Allzu oft wirfst du dich nach überstandener toxischer Beziehung in eine neue, die ganz anders werden soll. Meistens jedoch ähnelt leider eine Beziehung der anderen. Du bist immer noch dieselbe. Mithilfe eines lieben Menschen und eines guten Plans gelingt sogar das Alleinsein direkt nach einer derart schmerzhaften Beziehung. Eine Auszeit bietet eine Menge an positiven Erfahrungen, die dich auf eine gesunde Partnerschaft vorbereiten. Kannst du wirklich Zeit mit dir selbst verbringen, dann ermöglicht dir das eine relativ unabhängige Position gegenüber deinem Partner. Du musst ihn nicht festhalten und noch weniger Kompromisse eingehen, nur um nicht alleine sein zu müssen. Allein sein zu können gibt dir Stärke und macht dich stolz.

Diese Fähigkeit ist darüber hinaus eine Grundvoraussetzung für jede gleichberechtigte Partnerschaft.

Stärke dich und finde dich neu! – Zurück ins normale Leben

Du hast eine Menge zu tun, nachdem du einer toxischen Beziehung entronnen bist. Nun beginnen die Aufbauarbeit und die Phase der Erneuerung.

Jeder Mensch wählt für die Zeit des Übergangs, die sich direkt an die Trennung anschließt, eine ihm angenehme Form. Einer kann das Alleinsein aushalten, ein anderer braucht Freunde oder Familie um sich herum. Einer findet beim Sport die nötige Ablenkung, ein anderer fühlt sich in der Natur wohl und macht lange Spaziergänge mit dem Hund. Während du dabei bist, deine toxische Beziehung aufzuarbeiten, wirst du vielleicht neue Leidenschaften und Vorlieben entdecken, die dich an neue, unbekannte Orte führen. Es kann sein, dass du mit der Neuentdeckung deiner Persönlichkeit verschüttete Schätze wiederfindest. Hast du nicht als Kind immer gerne gebastelt oder anderen Kindern Geschichten erzählt? Und du hattest nie Angst vor Spinnen oder kleinen Räumen.

Es könnte sein, dass du ans Meer fahren und dir die Nordseeluft um die Nase wehen lassen musst.

Es ist schwierig, ein Programm zu empfehlen, dass jedem Menschen gleichermaßen hilft, weil jedem Menschen etwas anderes guttut. Sicher ist, dass die Reise zum Innern der eigenen Persönlichkeit die spannendste von allen Reisen ist. Sie ist unerlässlich für Entwicklung der eigenen Persönlichkeit, denn sie ist meistens mit dem Abenteuer der Selbsterkenntnis verbunden. Genau darauf soll dieser Abschnitt der Schrift Lust machen. Wir können uns ablenken mit Partys, mit Kulturerlebnissen, mit Unternehmungen zu den phantastischsten Orten, aber das wahre Abenteuer wartet in uns selber. Wir selbst sind uns die größte Entdeckung. Wir brauchen ein klein wenig Mut, ein bisschen Neugierde und etwas Zeit – und schon geht es los! Unsere innere Welt ist bunter als jeder orientalische Basar, sie ist voller Geheimnisse, tiefer als die Geschichten aus tausendundeiner Nacht, sie ist Freund und Partner und immer für uns da. Sie ist verletzlich und will geschützt werden, aber sie ist auch bereit zu erblühen und sich zu entfalten gegen alle Widerstände.

Ich möchte an dieser Stelle allen Frauen, die eine toxische Beziehung hinter sich haben oder noch in einer gefangen sind, sich aber ihrer Toxizität bewusst sind, ein paar Ideen einer Überlebenden mit auf den Weg geben. Einer, die liebte, litt und schließlich gegangen ist. Es gibt kein Rezept, die Beziehung mit einem Narzissten ist nur am Anfang süß wie ein Kuchen. Der Härtegrad des narzisstischen Charakters bestimmt nicht nur die Beziehung selber, sondern auch ihr Ende und damit die Trennung und ihre Folgen. Die Gefahr liegt in der Exzentrik. Immer wieder ist die Beziehung mit einem Narzissten wie ein Feuerwerk der ekstatischen Gefühle. Bis jemand das Licht löscht.

Du hast dich nie genug wertgeschätzt. Punkt. Nicht vorher, nicht dabei und nicht danach. Lass es dir auf der Zunge zergehen und dann – spucke es aus!

Wie kannst du dich wertschätzen lernen? Das ist die zentrale Frage. Wertschätzen tun wir etwas, das wir kennen und wir wertschätzen es, obwohl es nicht perfekt ist, ja gerade, weil es das nicht ist.

Aus diesem Grunde führt uns der Weg direkt zu uns selbst. Die Erkenntnis wird am Ende sein, dass wir Schwächen und Mängel haben, aber wir haben auch glanzvolle Momente erlebt und wir haben manchmal sogar triumphiert, wo niemand mehr an uns geglaubt hat. Wir können uns mit Hilfe eines Profis den lädierten Teilen in unserem Innern nähern und aus dem Wrack eine neue Karosse basteln. Wir müssen uns jedoch mit diesem Schrott konfrontieren. Wir können einen großen Teil selber leisten, aber schließlich sitzen die Dämonen so fest im Sattel und machen die hässlichsten Grimassen, sobald wir uns ihnen nähern. Der Therapeut entlarvt mit dir zusammen die Maskerade.

Es gibt eine Menge spezieller Techniken und praktischer Übungen, die auch gegen Stress und Verspannungen helfen. So kannst du die asiatische Kampfkunst erlernen, Entspannungsübungen oder autogenes Training machen, du kannst dich in die buddhistische Philosophie einlesen oder aufs Meer hinausfahren. Du kannst deine Ernährung umstellen und mit Verwunderung feststellen, wie positiv dein Körper auf gesunde Ernährung reagiert. Kleine Rituale helfen, den Alltag zu strukturieren. Dazu kann das Kochen gehören, das uns vermittelt, wie wichtig wir uns sind. Oder wir gönnen uns eine Ruhezeit inmitten des hektischen Tages, indem wir zum Beispiel beten oder meditieren. Es kann auch ein Ort in der Natur sein, den du zur immer selben Zeit aufsuchst, an dem du dich entspannen kannst. Was auch immer du unternimmst, es wird der Kontemplation dienen, dich mit dir selbst versöhnen und dich mit deinen Wurzeln verbinden. Du wirst feststellen, was du alles tun kannst und was dir gelingt.

Aber nicht alles, mit dem wir uns in der Phase des Neuanfangs beschäftigen, ist positiv für unsere weitere Entwicklung.

Wir können vermeiden, dem Narzissten die Schuld zu geben. Schuldzuweisung geschieht sehr schnell und verschafft auch – ja, wir müssen es leider sagen – Erleichterung. In uns brennt die Wut, weil wir uns mehr und mehr bewusst werden, was er alles mit uns angestellt hat und was wir zugelassen haben.

Wir machen aber nicht denselben Fehler, den er an uns begangen hat, indem er uns klein machte, um sich selbst zu erhöhen.

Es ist darüber hinaus unserem Fortschritt abträglich, weil eine Schuldzuweisung Energie raubt und ihn in Gedanken weiter an uns bindet.

Wir können vermeiden, nach der Trennung weiterhin Kontakt mit ihm zu pflegen. Solange er an einer narzisstischen Persönlichkeitsstörung leidet, wird er versuchen, uns zu beeinflussen.

Wir können vermeiden, zu illegalen Mitteln als Trostspender zu greifen. Alkohol und andere Drogen ermöglichen weder einen Neuanfang noch eine hoffnungsvolle Zukunft. Sie gaukeln uns für einen Moment Erleichterung vor, ohne uns auf unserem Weg zu helfen.

Wir können und müssen vermeiden aufzugeben. Nimmt dieses Gefühl mehr und mehr Raum in uns ein, müssen wir uns Hilfe suchen.

Selbstmitleid ist erlaubt, eine gewisse Zeit. Es trägt dich über einige Wochen, in denen du dich bei deinen Freunden ausweinst. Es hindert dich daran zu platzen. Selbstmitleid muss jedoch ersetzt werden durch Verständnis und Mitgefühl für eigene Fehler.

Es wird eine Reihe von Veränderungen um dich herum geben, die du mehr oder weniger beeinflussen kannst. Vielleicht trennen sich Freunde von dir oder die Familie ist nicht mit deinem Entschluss einverstanden. Eine neue Wohnung muss eingerichtet werden. Auf der Arbeitsstelle gibt es Gemunkel oder Sticheleien und plötzlich bist du ganz alleine. Deine wiedergewonnene Freiheit und ein stärker werdendes Selbstbewusstsein lassen dich die trüben Zeiten überstehen. Irgendwann werden es alle wissen, dass er nicht gut für dich war und irgendwann kommen neue Menschen in dein Leben: solche, die dich schätzen und respektieren.

Im folgenden Text findest du praktische Tipps und Übungen, die dir helfen, dein Selbst zu stärken.

Gebet an Gott

Lieber Gott, du, der mich geschaffen hat und mich über alles liebt, du, der Schöpfer ist allen Lebens, bringe mich zurück ins Gleichgewicht, schenke mir innere Balance und mache aus mir die Person, die ich wirklich bin.

Lieber Gott, gib mir Kraft, mich selbst zu lieben, so wie du mich liebst. Mich anzunehmen, so wie du mich annimmst in allem, was ich bin.

Lieber Gott, erfülle mein Wesen mit deiner Liebe und der höchsten Freude, sodass ich auch anderen diese Liebe und Freude schenken kann.

Lieber Gott, segne mich und führe mich auf meinem Weg. Hilf mir, mich und meinen Körper zu lieben, so wie er ist. Hilf mir, meinen Wert zu erkennen und reinige meinen Geist.

Ich nehme deine Liebe und deine Geschenke an. Ich akzeptiere mich und freue mich über mein Wesen, meinen Charakter, meinen Körper, mein Sein. Ich liebe mich mit all meinen Fehlern und Schwächen, da auch du mich liebst. Ich vergebe allen Personen, die mir Schaden zufügten und auch mir selbst für alle Fehler, die ich gemacht habe. Ich bin voller Freude, Dankbarkeit und Ruhe und lasse mich führen von dir. Amen.

Achtsamkeit trainieren

Bodyscan

Der Bodyscan ist eine Übung, bei der du lernen wirst, deinen Körper achtsam wahrzunehmen und diese Achtsamkeit zu trainieren. Um dies zu trainieren, versuche bitte, mit deiner Aufmerksamkeit nur bei dir selbst zu bleiben und dich selbst zu spüren. Dabei beobachtest du genau, was du an den verschiedenen Stellen deines Körpers, sozusagen von Kopf bis Fuß, spürst. Bitte nimm bei deiner persönlichen Wahrnehmung keinerlei Bewertung vor. Dies ist der Übung weniger zuträglich. Deine Intuition wird dich leiten. Die Einhaltung einer bestimmten Reihenfolge ist ebenfalls nicht notwendig.

Innehalten

Vielleicht kennst du das Gefühl, dass alles gerade über dir zusammenzubrechen scheint. Aufgrund einer ellenlangen To-Do-Liste weißt du gar nicht mehr, wie dir geschieht und du wirst das Gefühl nicht los, dass die Dinge einfach nur so an dir vorbeirauschen. Aber genau hier, während du dich in einer absoluten Stresssituation befindest, solltest du einfach mal wenige Minuten innehalten. Zwei bis drei Minuten nichts weiter tun, als zu atmen. Fokussiere dich dabei bitte auf eine Stelle, an der du deinen Atem besonders gut spüren kannst.

Morgendliche Achtsamkeit

Sieht dein Morgen auch in etwa so aus: Nach dem Ertönen des Weckers sprintest du voller Hektik ins Bad, um danach eilig zur Arbeit zu stürmen. Falls dies auf dich zutreffen sollte, drehe doch den Spieß einfach mal um:

Nachdem du aufgewacht bist, genießt du noch ein wenig Zeit im Bett und schaust zum Bespiel entspannt auf die Bettdecke. Versuche dabei, die Besonderheiten bzw. Feinheiten bewusst wahrzunehmen. Dies können zum Beispiel bestimmte Muster oder Farben sein.

Im Anschluss nimmst du auf deiner Bettkante Platz. Fühle und beobachte deinen Atem. Wie fühlt er sich an? Höre dabei tief in dich hinein. Wie fühlst du dich und wie fühlt sich dein Körper dabei an? Fahre eine Minute durch den gesamten Körper.

Danach stehst du auf und startest in den Tag. Versuche nun, während des Tages deine Gedanken zu beobachten, ohne sie dabei zu bewerten.

Mit der Zeit wirst du merken, dass dich ein solches morgendliches Ritual viel entspannter und ruhiger macht.

Schlaf, der Weg zum Glück

Schlafstörungen sind weitaus gefährlicher als vielen Menschen bewusst ist. Sie erhöhen das Risiko für Fettleibigkeit, Herz-Kreislauf- und Stoffwechselerkrankungen.

Zudem steigt die Wahrscheinlichkeit des Auftretens von Herzinfarkten, Bluthochdruck und Diabetes mellitus. Darüber hinaus kann zu wenig Schlaf das Immunsystem schwächen und Infektionskrankheiten begünstigen. Ferner können Schlafstörungen zu mentalen Verstimmungen oder gar Depressionen führen und soziale Isolation begünstigen. Achte also bitte unbedingt darauf, dass du immer ausreichend Schlaf bekommst und am besten auch regelmäßige Schlafzeiten einhältst.

Ziele setzen

Es ist absolut wichtig, sich im Leben Ziele zu setzen. Ohne Ziele bist du orientierungslos und dir wird auf Dauer die Energie für den Alltag verlorengehen. Deine Ziele sind sozusagen dein Antrieb für ein erfülltes Leben. Wichtig ist aber, dass du dir deine Ziele so steckst, dass sie dich nicht überfordern. Eine tolle Methode, realistische Ziele für sich selbst zu erarbeiten, ist die SMART-Formel. SMART steht für **S**pezifisch, **M**essbar, **A**ttraktiv, **R**ealistisch und **T**erminiert. Spezifisch bedeutet, dass du in nur einem Satz deine persönliche, konkrete Zielformulierung aufschreibst. Die Messbarkeit ergibt sich aus der Formulierung konkreter Zahlen (z.B. „Ich will 10.000 € im Monat verdienen“). Attraktiv sagt aus, dass das Ziel für dich anziehend wirken sollte. Realistisch bedeutet, dass du dir gerne hohe Ziele stecken darfst, sie sollten aber tatsächlich erreichbar sein. Terminiert im Rahmen der SMART-Formel besagt, dass du dir ein konkretes Datum zur Erreichung deines Ziels setzen solltest. Ich hoffe, dir mit dieser Methode ein bisschen Klarheit in die Formulierung deiner Ziele zu bringen. Probiere es einfach mal aus!

Nicht immer „Ja“ sagen

Fällt es dir häufiger schwer, auch mal „Nein“ zu sagen? Es ist sicher eine tolle persönliche Eigenschaft, wenn man anderen Menschen gegenüber immer sehr hilfsbereit ist. Dabei solltest du aber nicht vergessen, auch auf dein eigenes Wohlbefinden zu achten.

Sollte es dir einfach generell sehr schwerfallen, auch mal „Nein“ zusagen, finde für dich heraus, woran das liegt. Auch ist es mehr als angemessen, wenn du dir bei gewissen Dingen erstmal Bedenkzeit nimmst, bevor du „Ja“ sagst. Und selbstverständlich gibt es auch Wege und Möglichkeiten, das „Nein“ auf die sanfte Tour zu vermitteln. Niemand wird dich deshalb verurteilen, nur weil du dich mal nicht nach den Wünschen deines Gegenübers gerichtet hast.

Locker bleiben

Locker bleiben bedeutet, dass du eine gewisse innere Gelassenheit aufbaust und ausstrahlst. Hierfür solltest du ganz am Anfang starten und dir bewusst machen, welche Situationen und Momente dich stressen. Ein weiterer, enorm wichtiger Aspekt: Dein Ärger und dein Unmut werden nichts an der Situation ändern. Daher solltest du die Situation akzeptieren, so wie sie ist, wenn du nichts daran ändern kannst. Dies wird dich dauerhaft entspannen und zu mehr Gelassenheit führen.

Hobbys erhalten und neue finden

Wenn du einen stressigen Arbeitstag hattest und im schlimmsten Fall noch genervt den Arbeitsplatz verlässt, ist es umso wichtiger, dich nach dem Feierabend (d)einem Hobby zu widmen, das dir Spaß und Freude bereitet.

Spaß und Freude sorgen für den Ausstoß von Glückshormonen in unserem Körper. Dies wiederum sorgt dafür, dass wir unseren stressigen Alltag vergessen und uns richtig entspannen können, was sich zudem positiv auf einen gesunden Schlaf auswirkt.

Tagebuch

Warum sollten wir überhaupt Tagebuch schreiben? Was bringt das mir persönlich und welchen Nutzen habe ich, wirst du dich jetzt vielleicht fragen? In einem Tagebuch schreibe ich alles nieder, was ich den Tag über erlebt habe, sowohl positive als auch negative Momente, Erlebnisse und Gefühle. Hierdurch kann ich mich zum einen emotional entlasten, zum anderen hilft es aber auch dabei, sich selber noch viel bewusster wahrzunehmen. Das Tagebuch wird mit der Zeit eine Art guter Freund, dem ich alles erzählen und vor allem anvertrauen kann. Wo gibt es so etwas heutzutage noch? Auf Social Media wohl eher weniger. Du wirst durch die Niederschrift auch deine Gefühle in gewisser Weise abspeichern. Somit kannst du dich später immer wieder an diese erinnern und sie auf Knopfdruck abrufen.

Vergebung, Vergessen, Nachsicht

Anderen Menschen zu vergeben war schon immer zentraler Bestandteil der Menschheitsgeschichte. Besonders deutlich wird dies beim Thema Gesundheit. Ärger, Groll und Wut wirken sich negativ auf deine Psyche aus und haben schlechten Einfluss auf deine Glückgefühle. Hier kann die Wortlaut-Methode eine tolle Unterstützung sein: Dabei sprichst du laut und deutlich aus, wem du vergeben möchtest. Hierbei ist nicht auszuschließen, dass Tränen fließen oder Wut und Trauer aufkommen. Bitte unterdrücke diese Gefühlsregungen nicht, sondern lasse sie zu und schäme dich deiner Tränen nicht.

Traumreisen

Eine Fantasiereise wird im Allgemeinen auch Märchen- oder Traumreise genannt. Sie ist ein spezielles und imaginatives Verfahren, was häufig in der Psychotherapie angewendet wird. Durch Fantasiereisen spürst du deine innere Energie und Weisheit und schaffst dir somit einen sicheren Ort. Deshalb werden diese imaginativen Übungen auch in der Traumatherapie eingesetzt.

Die jeweiligen Geschichten, die einen wichtigen Bestandteil bei den Fantasiereisen darstellen, werden von einem Sprecher mit sanfter und ruhiger Stimme gesprochen. Dadurch entsteht ein tiefer und intensiver Erholungszustand. Während du dich auf eine Fantasiereise begibst, ist auch deine Körperhaltung sehr wichtig.

Am besten wirken Fantasiereisen, wenn du entspannt auf deinem Rücken liegst, deine Augen schließt und dabei der ruhigen Stimme zuhörst. Lasse es zu, dass die Geschichten in dir Bilder auslösen und dich in einen beruhigenden Entspannungszustand bringen. Löse den Druck in deiner Brust, in deiner Atmung und in deinen Muskeln. Lasse alles einfach geschehen. Du darfst die Kontrolle abgeben.

Fantasiereisen bestehen in der Regel aus fünf verschiedenen Teilen. Dazu gehören die Vorbereitung, die kurze Entspannungsphase, der Hauptteil, die Rückkehr in das Hier und Jetzt sowie ein Gespräch bzw. das künstlerische Ausleben innerer Eindrücke.

Positive Affirmationen

Positive Affirmationen sind so etwas wie eine positive Selbstbekräftigung. Viele Menschen setzen Affirmationen ein, um positive Veränderungen in ihrem Leben herbeizuführen. Die selbstbejahenden Sätze sollen dir dabei helfen, aus deinen Wünschen oder Träumen Realität werden zu lassen. Du sagst dir dabei positive Sätze immer und immer wieder auf. Dies kann zum Beispiel morgens nach dem Aufstehen vor dem Spiegel geschehen. Durch die ständige Wiederholung versuchst du, dein Unterbewusstsein in die gewünschte Richtung zu lenken und obendrein dein Selbstbild zu stärken. Grundvoraussetzung ist allerdings, dass du auch selbst daran glaubst.

Nur so kann dein Unterbewusstsein deine Affirmationen als wahr annehmen.
Wichtig ist auch, dass du die Sätze richtig formulierst. Ein Satz wie „Ich bin nicht schwach!“ hat nicht dieselbe Wirkung wie etwa „Ich werde immer stärker!“ Daher solltest du die Sätze mit Bedacht wählen.

Ich habe dir im Folgenden einige hilfreiche Mantras aufgeführt:
Ich fühle mich jeden Tag besser!
Ich bin stark!
Ich liebe mich und ich liebe die Menschen!
Ich bin unabhängig!
Ich bin charmant und habe ein tolles Charisma!
Ich bin voller Energie und Leben!
Ich bin eine selbstbewusste Frau!
Ich umgebe mich nur mit wertvollen Menschen!
Ich bleibe entspannt!

Mandalas
Mandalas sind komplexe, symmetrische oder asymmetrische Muster, die einen Mikrokosmos des ganzen Universums repräsentieren. Die Grundform der meisten Mandalas ist ein Kreis. Mandalas werden häufig zum Beispiel bei Stresstherapien verwendet. Ihnen wird eine beruhigende Wirkung auf die zu therapierende Person nachgesagt. Hast du das schon länger nicht mehr oder gar noch nie gemacht? Nimm dir ein paar Stifte zur Hand und lasse die Kraft der Mandalas auf dich wirken.

Lachtraining
„Lachen ist gesund“ oder „Lachen ist die beste Medizin“ – Sätze wie diese sind hinlänglich bekannt. Doch warum ist dies so? Lachen ist sehr gesund und es entspannt den Körper.

Theoretisch kannst du den ganzen Tag über lachen. Dies wird sich in der Praxis vermutlich schwer umsetzen lassen.

Deshalb starte am besten morgens nach dem Aufstehen damit und wiederhole dies, bevor du ins Bett gehst. Alternativ kannst du dich auch einer Lach-Yoga-Gruppe anschließen. Hier treffen sich Menschen einfach nur, um miteinander zu lachen. In der Praxis reicht es, wenn du mit ein paar Minuten am Tag startest und die Spanne des Lachens sukzessive erweiterst. Mit der Zeit wirst du feststellen, dass aus einem aufgesetzten Lachen ein echtes wird und du positive Auswirkungen auf Körper und Seele wahrnimmst. Außerdem haben Forscher herausgefunden, dass Lachen das Immunsystem stärkt. Ein Grund mehr, täglich zu lachen.

Dankbarkeitstagebuch

Oftmals nehmen wir die positiven Dinge in unserem Leben völlig selbstverständlich hin, ohne auch nur einen Hauch von Dankbarkeit zu verspüren. Ein Dankbarkeitstagebuch könnte hier eine tolle Option sein. Das Dankbarkeitstagebuch unterscheidet sich insofern vom normalen Tagebuch, als hier nur die positiven Dinge des Tages Berücksichtigung finden. Mit der Zeit wirst du eine ganz andere Reflexion verspüren und merken, wie unglaublich gut dir Dankbarkeit tut. Dankbare Menschen sind für gewöhnlich auch deutlich entspannter und ruhiger.

Gesichtsmassage

Mit einer Massage verwöhnst du deine Haut. Sie ist zudem eine Wohltat für deinen Körper und deine Seele. Wer dabei aber immer nur an eine Ganzkörpermassage denkt, irrt gewaltig. Auch eine Gesichtsmassage kann total entspannend wirken. Hierfür musst du lediglich ein wenig Öl oder Creme parat haben und dies zwischen deinen Händen warm reiben. Starte am besten oberhalb deiner Augen, indem du mit deinem Zeige- und Mittelfinger leichte kreisende Bewegungen vollziehst.

Taste dich vor bis hin zur Nasenwurzel und danach wieder zurück, das heißt, du massierst deine Nase und gleitest danach ganz entspannt wieder Richtung Augen.

Besonders den Punkt in der Mitte deiner Augenbrauen solltest du im Blick haben, dieser ist besonders wertvoll für deine Entspannung. Hier kannst du auch durchaus mit etwas Druck massieren oder sogar ein leichtes Klopfen anwenden. Gleite im Anschluss weiter zu den Wangenknochen und zu den Nebenhöhlen unterhalb deiner Augen. Hier sollte die Massage ebenfalls in kreisenden, sanften Bewegungen vollzogen werden. Bitte achte dabei immer darauf, dass keinerlei Öl in die Augen oder deine Nase eindringt.

Summen und Singen

Auch Summen und Singen sind tolle Möglichkeiten, zu entspannen. Hierbei gibt es verschiedene Wege, wie du das für dich umsetzen kannst. Du kannst beispielsweise deine Lippen schließen und ein Lied deiner Wahl vor dich her summen. Oder du legst die Lippen aufeinander und summst leise vor dich her. Hierbei solltest du sehr darauf achten, durch die Nase entspannt und tief einzuatmen und dann entsprechend durch den Mund wieder auszuatmen. Die Lippen müssen dabei natürlich geschlossen sein. Auch Singen kann eine sehr schöne Alternative sein. Dabei spielt es überhaupt keine Rolle, ob du die Töne triffst oder nicht. Singe deine Lieblingslieder und genieße es. Dies hat zusätzlich eine tolle Wirkung auf Körper und Seele.

Augen-Yoga

Sobald du einen für dich ruhigen Ort gefunden hast, begibst du dich in die Schneidersitz-Position und richtest deinen Rücken gerade auf.

Dabei stellst du dir vor, dass du die Wirbelsäule Wirbel für Wirbel nach oben aufziehst.

Nun gehst du zu deinen Händen über. Lege diese bitte auf deine Oberschenkel, die Handflächen zeigen dabei nach oben. Dabei atmest du sanft ein und aus.

Du schaust hoch und runter. Das Ganze wiederholst du fünfmal. Achte aber bitte darauf, dass dein Kopf dabei unbewegt bleibt. Du siehst dich lediglich mit den Augen um.

Nun schweift dein Blick von links nach rechts. Auch hier gilt: es bewegen sich nur die Augen, der Kopf bleibt starr.

Suche dir zwei Objekte aus: eines, das in der Ferne liegt, und ein anderes, welches sich in deiner unmittelbaren Nähe befindet. Auch hier schweift dein Blick wieder zwischen diesen beiden Objekten, und zwar fünfmal.

Dabei atmest du entspannt ein und aus.

Du reibst nun deine Hände aneinander, bis du ein Gefühl in deinen Händen wahrnimmst. Lege diese nun auf deine Augen. Nun schließt du die Augen und genießt einfach das warme Gefühl, welches dich durchdringt.

Führe dies solange fort, bis das Wärmegefühl erlischt.

Gesunde Ernährung

Viel zu oft essen wir im stressigen Alltag Fast Food und trinken irgendwelche mit Zucker vollgepumpten Soft-Drinks. Dies ist aber nicht nur für deinen Körper schlecht, sondern vor allem auch für deine Schlafqualität. Aus diesem Grund solltest du dich so gut wie möglich gesund, ausgewogen und möglichst fettarm ernähren. Dafür musst du nicht auf Fleisch oder Fisch verzichten. Erhöhe einfach deine Koch-Skills und greife auf frische saisonale und regionale Produkte zurück.

Achtsam essen

Achtsames Essen ist oftmals ein wichtiger Bestandteil für ein achtsames Leben. Daher solltest du immer sehr darauf bedacht sein, achtsam zu essen. Hier gibt es verschiedenste Möglichkeiten, wie du das Ganze für dich umsetzen kannst.

Am besten startest du mit einer für dich wohltuenden Atmosphäre, indem du das Essen schön herrichtest und dabei zur Entspannung eine Kerze brennen lässt. Dies ist insbesondere von Bedeutung, wenn du Gäste zu Besuch hast, schließlich sollen sich diese ja bei dir wohlfühlen. Lass uns nun deine Essgewohnheiten prüfen: Zu allererst solltest du dich selber fragen, ob du auch wirklich hungrig bist oder du nur essen möchtest um des Essens Willen und um dich dadurch besser zu fühlen. Achte im nächsten Schritt sehr stark auf das „wie". Du solltest nicht alles in dich reinstopfen, sondern das Essen mit Bedacht zu dir nehmen. Das heißt, nimm bitte kleine Bissen und kaue diese oft genug, am besten mindestens zwanzigmal. Auch solltest du dich möglichst gesund ernähren. Gehe nach dem Essen nicht gleich wieder zur Tagesordnung über, sondern halte noch einen Moment inne und höre in dich selbst hinein. Frage dich selbst, wie du dich fühlst! Empfindest du eher ein Gefühl von Trägheit oder spürst du die absolute Energie in dir? Du kannst solche Routinen auch gerne erstmal nur zu einer Mahlzeit testen, z.B. zum Frühstück. So kannst du Schritt für Schritt deine neuen Ess-Routinen in deine Leben integrieren und schaffst dabei einen achtsameren Umgang mit dir selbst.

Meditation

Eine sehr einfache und wirksame Methode ist die Meditation. Wahrscheinlich hast du jetzt ein Bild von verschiedenen Hollywood-Filmen im Kopf, in denen eine Frau einfach nur dasitzt, die Augen geschlossen hat und überspitzt unverständliche Formeln aufsagt.
Dies ist aber nicht wirklich die Meditation im klassischen Sinne. Natürlich kannst du so meditieren, wie du es für richtig hältst und am angenehmsten empfindest.

Wenn du aber noch keine wirkliche Erfahrung mit Meditation hast, möchte ich dir nun einige grundlegenden Informationen geben:

Die Meditation ist im Grunde eine besondere und spirituelle Entspannungstechnik, die schon seit Jahrhunderten von verschiedensten Kulturen geprägt wurde.

Dabei geht es darum, dass du deinen Geist beruhigst und deine tobenden und stressgeplagten Gedanken des Alltags einfach loslässt. Zu häufig ist nämlich Stress die Ursache für gesundheitliche Probleme. Um diesem negativen Teufelskreis Einhalt zu gebieten, hilft meditieren sehr. Zudem kannst du durch diese Methode deine Wünsche und Bedürfnisse ergründen sowie auch dein Bewusstsein erweitern.

Atemübungen

4-7-8-Atmung

Eine der bekanntesten Atemübungen ist die 4-7-8-Atmung. Es ist ganz einfach. Lege dich entspannt auf dein Bett. Schließen deine Augen, wenn du dann besser entspannen kannst. Nun legst du deine Zunge an den Gaumen. Atme tief durch deine Nase ein, dabei zählst du bis zur Zahl 4. Dann hältst du den Atem an, während du bis 7 zählst. Lasse die Zunge immer noch am Gaumen und atme aus. Zähle dabei bis acht. Es braucht ein bisschen Übung. Wiederhole die Übung ruhig immer wieder und du wirst feststellen, dass du dich entspannst.

Atemzüge zählen

Diese Übung ist tatsächlich so einfach, wie es sich im ersten Moment für dich anhören mag. Zähle einfach die Sekunden, sowohl wenn du einatmest als auch beim Ausatmen. Kleines Beispiel: 5 Sekunden einatmen, 5 Sekunden ausatmen. Achte dabei bitte auf folgendes: Durch die Nase einatmen, durch den Mund wieder ausatmen.

Kleine Routinen für den Tag

Gönne dir Pausen

Möchtest du erst im Burnout enden, bevor du feststellst, dass sich etwas ändern muss? Ich hoffe doch nicht! Ruhephasen sind für unseren menschlichen Körper genauso wichtig wie aktive und ereignisreiche Momente. Damit wir wirklich ausgeglichen sind, muss ein perfektes Gleichgewicht vorherrschen.

Deshalb plane dir unbedingt bewusst regelmäßige Pausen ein. Dies gilt sowohl für deine Arbeit als auch für die Freizeit. Diese Pausen werden dir guttun. Erinnere dich immer wieder bewusst daran, dass du diese Auszeiten benötigst.

Sport machen

Sport hilft dir dabei, Stress abzubauen und in die Entspannung zu kommen. Zudem fördert er, sofern du Mannschafts-, Vereins- oder Gruppensport betreibst, den sozialen Austausch. Plane dir daher regelmäßige Zeiten hierfür ein. Sofern du Sport in einer Gruppe oder Mannschaft betreibst, sind die Zeiten meist fest vorgegeben. Sofern du der sportlichen Betätigung alleine nachgehst, plane dir am besten sonntagabends deine Sportzeiten für die kommende Woche ein.

Kleinigkeiten

Neben Ablenkungen und Empathie kannst du auch sehr viel für dich selbst tun. Du kannst zum Beispiel ein warmes Bad nehmen oder dir etwas Schönes kaufen.

Auch Pflegeleistungen wie Massagen oder Fußpflege sind an dieser Stelle gute Optionen. Schenke dir Zeit für dich selbst und kaufe dir zum Beispiel schöne Dekorationen oder einfach Blumen. Darüber hinaus sind auch Bücher, Serien oder Filme, die dir gefallen, etwas, was dein Wohlbefinden steigern kann. Falls deine negativen Gefühle einmal die Oberhand haben sollten und es für dich zu viel wird, dann fahre einfach in die Natur und schreie alles richtig laut von deiner Seele.

Pflege Freundschaften

Oftmals sehnt man sich danach, eine beste Freundin zu haben, die mit einem im wahrsten Sinne des Wortes durch dick und dünn geht und auch in kritischen Zeiten einem beisteht. Aber hierzu gehört auch eine gesunde Portion Achtsamkeit.

Ich muss genau wissen, wann mich meine Freunde brauchen und ihnen entsprechende Aufmerksamkeit schenken. Ganz wichtig ist hierbei auch, dass du für dich herausfindest, wer deine wahren Freunde sind.

Träume aufschreiben

Meistens können wir uns an die Abenteuer, die uns in der Nacht widerfahren, nicht mehr erinnern. In den seltenen Fällen, in denen wir uns daran erinnern können, geben uns diese Träume mehr Rätsel auf als alles andere. Wenn du jedoch nach dem Aufwachen deine Träume aufschreibst und eine Art Tagebuch hierzu führst, werden sich dir deine Träume mit der Zeit mehr und mehr erschließen und du wirst die erlebten Rätsel entschlüsseln können.

Der Spiegel als Hilfsmittel

Gewöhne dir einfach an, dass du dir selbst immer etwas Positives, Gutes, Schönes und Nettes vorsagst, wenn du an deinem Spiegel vorbeigehst. Zum Beispiel „ich bin toll", „ich schaffe das", „ich sehe toll aus", „ich liebe mich und die Menschen", „ich bin gut so wie ich bin"!

Duftkerzen und Räucherstäbchen

Düfte in Form von Duftkerzen und Räucherstäbchen haben eine unmittelbare Wirkung auf unser Unterbewusstsein. Verteile daher täglich deinen Lieblingsduft in deiner Wohnung und lasse diesen auf dich wirken. Dies schafft eine entspannte Atmosphäre und vertreibt zudem ungute Gedanken.

Nun erzähle ich dir abschließend, wie es mir erging, nachdem ich mich von meinem Partner trennte und versuchte, langsam zurück ins normale Leben zu finden.

Ich nenne es „eine Probe aufs Exempel"

Mit weichen Knien und in einem dunkelblauen Hosenanzug aus Leinen wagte ich mich das erste Mal nach einem Jahr Beziehungs-Aus auf eine Party. Mein Herz klopfte bis an meine Kehle. Ich musste an all die vielen Dinge denken, die ich in den vergangenen Monaten gelernt hatte. Ich hatte gehofft, dass alle sahen, wie selbstbewusst ich geworden war. Ich musste an eine Freundin denken und an ihr herzliches Lachen, als ich erwähnte, dass ich heute ausgehen wolle. „Na, das wird ja auch langsam Zeit", rief sie positiv überrascht, als sie von meinem Vorhaben erfuhr. Ihre tiefe Stimme und das breite laute Lachen hatten mir so viel Kraft gegeben, dass ich mir sicher war, diesen Abend bravourös zu bestehen. Dort angekommen, sah ich hippe junge Leute, die fröhlich feierten. „Ich bin nicht auf Beziehungskurs. Hoffentlich merken das alle Männer", dachte ich mir, denn ich hatte mich noch nicht wirklich von meiner toxischen Beziehung erholt. Ich bestellte mir einen Gin-Tonic an der Bar. Als ich den Strohhalm in meinem Gin-Tonic hin und her drehte, näherte sich ein gutaussehender Mann. In dem dunklen Partynebel erinnerte er mich stark an Brad Pitt. Er sprach mich an und wir redeten miteinander. Ich war dabei, mich auf der Stelle zu verlieben. Ob es daran lag, dass ich solange alleine war oder er sich so zuvorkommend verhielt? Ich sog den letzten Tropfen Gin aus meinem Halm, als er sich gerade ein Bier bestellte. Innerlich hoffte ich, dass er mich fragen würde, ob ich auch noch etwas zu trinken mochte. Da fragte er mich mit leiser Stimme: „Magst du vielleicht noch einmal dasselbe?", während sein warmer Atem wie eine tropische Brandung ungebremst an meine Wange schlug. Selbstverständlich nickte ich und lächelte ihn an. Da war es wieder, das Gefühl, das ich so gut kannte, die Angst, nicht beachtet zu werden. Irgendetwas in mir fühlte sich nicht gut an, obwohl er sehr attraktiv war und mir gefiel.

Ich wollte aber keine Frau mehr sein, die Beachtung und Bestätigung von außen sucht. Doch genau dieses Bedürfnis kam in mir auf, als ich in seiner Nähe war. Genau das gleiche Gefühl, das mein narzisstischer Ex-Partner in mir ausgelöst hatte. Nach einer Weile bemerkte ich, dass sich mein Bauch gegen ihn entschieden hatte. Doch mein Kopf argumentierte noch: „vielleicht ist er ja ganz anders als mein Ex…“ Der Abend nahm seinen Lauf und dann kam mir der Zufall zu Hilfe. Eine Freundin aus vergangenen Tagen tauchte an der Bar auf und erkannte mich. Sie kam überrascht auf mich zu, umarmte mich und ließ mich gar nicht mehr los. Während wir alte Geschichten aufwärmten und uns kichernd über unsere damaligen Verehrer amüsierten, verlor ich „Brad Pitt“ aus den Augen. Später verabschiedete sich meine alte Freundin, als er nicht mehr zu sehen war. Ich saß noch ein Weilchen alleine am Tresen und trank auf mein neues Ich. Beim Verlassen der Party fiel mir ein turbulentes Grüppchen auf, das sich um eine wild gestikulierende Hauptperson scharte. Rate, wer die Hauptperson war… richtig, „mein Brad Pitt“! Dieses Bild des charismatischen Mannes, der ganze Menschenmassen unterhielt, erinnerte mich stark an meinen ehemaligen Freund. Ob der Mann von diesem Abend tatsächlich ein Narzisst war oder einfach nur ein charismatischer Typ, das wusste und weiß ich natürlich nicht. Dennoch bin ich froh, ihn nicht näher kennengelernt zu haben, und seitdem verlasse mich stets auf mein Bauchgefühl. Einen Mann, der ungute Gefühle in mir auslöst und mich in alte Muster zurückfallen lässt, möchte ich erst gar nicht in mein Leben lassen!

Ich fuhr alleine nach Hause und wusste, dass es gut war, mich nicht auf ihn eingelassen zu haben.

Fazit

Dein Partner muss dir nicht jeden Wunsch von den Lippen ablesen, aber er sollte Rücksicht auf dich nehmen und es erkennen, wenn du dich in einer Situation unwohl fühlst. Details sind es vor allem, die verraten, ob dein Partner ein Narzisst ist oder nicht. Kleine Auffälligkeiten deuten auf den Charakter eines Menschen hin. Solltest du vermuten, dass du eine Beziehung mit einem Narzissten führst und unglücklich bist, ist es ratsam, dich und dein Leben zu analysieren. Finde heraus, was du möchtest. Stärke dein Selbst und suche dir Hilfe, damit du dich erfolgreich von ihm lösen kannst.

Deine Partnerwahl ist eine gute, erwächst sie aus einem starken Selbst und einer zufriedenen Grundeinstellung. Dann wirst du eher nicht auf einen Narzissten hereinfallen. Natürlich kann das aber auch Frauen passieren, die über ein großes Selbstbewusstsein verfügen. Der Unterschied liegt oft darin, dass diese sich zeitnah von dem Narzissten trennen.

Zu jeder Zeit muss es in einer Partnerschaft erlaubt sein, seine Meinung zu äußern, auch wenn es eine andere ist als die, die der Partner vertritt. Beide Partner müssen sich auf Augenhöhe begegnen. Eine Beziehung mit einem pathologischen Narzissten hingegen ist äußerst problematisch und nicht ganz ungefährlich für den gesunden Partner. Je nachdem, was dieser bereit ist für seine Liebe zu opfern, kann er unbemerkt in den Teufelskreis der narzisstischen Ansprüche und Manipulationen geraten. Für eine Frau, die sich gerade in einer Sinnkrise befindet oder noch auf der Suche nach sich selbst ist und sich nicht eindeutig definieren kann, besteht die Gefahr, entweder zu einer Co-Narzisstin zu werden oder sich insofern auf die Spielregeln des Narzissten einzulassen, als dadurch die eigene Persönlichkeit erschüttert wird.

Einmal im Teufelskreis der narzisstischen Liebe gefangen, ist es schwer, die Beziehung zu beenden. Eine gleichberechtigte Partnerschaft ist mit einer narzisstischen Persönlichkeitsstörung kaum denkbar. Auch eine Therapie muss vorsichtig ansetzen, um den Narzissten nicht zu verschrecken. Hier verlangt es nach einem erfahrenen, feinfühligen Therapeuten.

Danke

Ich bedanke mich herzlich für dein Interesse an meinem Buch und hoffe, dass es dich begleiten sowie unterstützen wird auf deinem Weg in ein freies und glücklicheres Leben.

Von Herzen alles Gute für dich,

deine Marie Ahrend

Über die Autorin

Marie Ahrend beschäftigt sich seit ihrer Ausbildung zur Gesundheitstrainerin mit den Themen „Gesundheit, Psychologie und Persönlichkeitsentwicklung“. Sie belegt derzeit ein berufsbegleitendes Studium der Angewandten Psychologie im 7. Semester.

Schon in ihrer Jugend war ihr klar, dass sie es sich zum Beruf machen wollte, Menschen zu helfen. Aufgrund ihres Fachwissens und ihrer Menschenkenntnis versteht sie es äußerst gut, sich in andere hineinzuversetzen.

In ihrer Freizeit liebt Marie Ahrend es, schwimmen zu gehen und etwas mit ihrer Familie zu unternehmen. Außerdem hört sie sehr gerne Musik.

Die Autorin wünscht Ihnen viel Freude beim Lesen und viel Glück auf all Ihren Lebenswegen.

Ich freue mich auf dein Feedback

Für mich ist es sehr wichtig, Feedback zu meinem Buch zu bekommen. Wenn du Anregungen oder Verbesserungsvorschläge hast, so schreibe mir doch bitte eine Mail:
info@virtuoso-verlag.de

bevor du eine schlechte Bewertung abgibst. Ich freue mich sehr über konstruktive Kritik. Da es mich viel Zeit und Energie gekostet hat, dieses Buch zu erstellen, wäre ich dir sehr dankbar, wenn du mir anstelle einer schlechten Bewertung deine Verbesserungsvorschläge persönlich zukommen lässt. Denn dann hätte ich eine Chance, deine Kritik anzunehmen und mein Buch zu verbessern.

Über eine Rückmeldung in Form einer Rezension auf Amazon würde ich mich ebenfalls sehr freuen. Diese kannst du wie folgt erstellen: Besuche auf Amazon.de die Produktseite des Artikels, für den du eine Rezension erstellen möchtest. Klicke unter Kundenrezensionen auf „Kundenrezension verfassen“. Bewerte den Artikel und verfasse deine Rezension.
Alternativ kannst du diesen Link benutzen, der dich direkt auf die Seite leitet, auf der bestellte Produkte zu bewerten sind. Der Link ist verschlüsselt und sicher:
https://virtuoso-verlag.de/Amazon-Bewertung

Haftungsausschluss

Der Autor übernimmt keinerlei Gewähr für die Aktualität, Korrektheit, Vollständigkeit oder Qualität der bereitgestellten Informationen und weiteren Informationen. Haftungsansprüche gegen den Autor, welche sich auf Schäden materieller oder ideeller Art beziehen, die durch die Nutzung oder Nichtnutzung der dargebotenen Informationen bzw. durch die Nutzung fehlerhafter und unvollständiger Informationen verursacht wurden, sind grundsätzlich ausgeschlossen, sofern seitens des Autors kein nachweislich vorsätzliches oder grob fahrlässiges Verschulden vorliegt. Alle Angaben wurden vom Autor mit größter Sorgfalt und nach bestem Wissen und Gewissen recherchiert oder spiegeln seine eigene Meinung wider. Der Inhalt des Buches passt möglicherweise nicht zu jedem Leser und die Umsetzung erfolgt ausdrücklich auf eigenes Risiko. Es gibt keine Garantie dafür, dass alles genau so, bei jedem Leser, zu genau den gleichen Ergebnissen führt. Der Autor und/oder Herausgeber kann für etwaige Schäden jedweder Art aus keinem Rechtsgrund eine Haftung übernehmen.

Urheberrecht

Impressum

Marie Ahrend
c/o easy-shop
K. Mothes
Schloßstraße 20
06869 Coswig (Anhalt)
info@virtuoso-verlag.de

1. Auflage 2020

VIRTUOSO
books and more

Covergestaltung: Wolkenart – Marie-Katharina Becker, www.wolkenart.com
Lektorat: J. W., M. H.
Bilder: M. F.
Fotos: www.depositphotos.com, www.shutterstock.com

Printed in Poland
by Amazon Fulfillment
Poland Sp. z o.o., Wrocław

85788449R00068